MANDALA

Dados Internacionais de Catalogação na Publicação (CIP)
(Câmara Brasileira do Livro, SP, Brasil)

Jung, Carl Gustav, 1875-1961
Mandala : imagens do inconsciente / Carl Gustav Jung ; tradução de Maria Luiza Appy e Dora Ferreira. – Petrópolis, RJ : Vozes, 2025.

Título original: Mandala
ISBN 978-85-326-7018-2

1. Arteterapia 2. Inconsciente
3. Jung, C.G. (Carl Gustav), 1875-1961
4. Mandala – Uso terapêutico 5. Psicologia analítica I. Título.

23-246912 CDD-150.1954

Índices para catálogo sistemático
1. Psicologia analítica junguiana 150.1954

Eliane de Freitas Leite – Bibliotecária – CRB-8/8415

C.G. **JUNG**

MANDALA

Imagens do inconsciente

EDITORA VOZES

Petrópolis

Tradução do original em alemão intitulado *Mandala – Bilder aus dem Unbewussten*

Direitos de publicação em língua portuguesa:
2025, Editora Vozes Ltda.
Rua Frei Luís, 100
25689-900 Petrópolis, RJ
www.vozes.com.br
Brasil

Editoração: Fernanda Berger
Diagramação: Sheilandre Desenv. Gráfico
Revisão gráfica: Fernando Sergio Olivetti da Rocha
Adaptação de capa: Editora Vozes
Ilustração de capa: Quadro 20 do Caderno iconográfico.

Os textos que compõem esta obra fazem parte do volume 9/1 da Obra Completa de Jung.

ISBN 978-85-326-7018-2 (Brasil)
ISBN 978-3-8436-1350-7 (Alemanha)

Este livro foi composto e impresso pela Editora Vozes Ltda.

Sumário

Estudo empírico do processo de individuação*

A forma da grande vida segue totalmente o Tao.
O Tao age nas coisas invisível e inapreensivelmente.
Inapreensivelmente, invisivelmente nele estão as imagens!
Inapreensivelmente, invisivelmente nele estão as coisas!
Insondavelmente, obscura, nele está a semente!
Esta semente é a verdade. Nela está a crença.
Desde a origem até hoje não se pode prescindir de seu
nome para compreender o nascimento de todas as coisas.
E como posso saber que o nascimento de todas
as coisas assim se deu?
Através dele.

Na década de 1920 conheci nos Estados Unidos uma senhora de formação acadêmica – vamos chamá-la de senhora X – que, durante nove anos, estudara psicologia. Havia lido todas as obras mais recentes nesse campo. Em 1928, aos 55 anos, veio à Europa a fim de continuar seus estudos sob minha direção. Filha de um pai renomado, tinha múltiplos interesses, dispunha de uma cultura considerável e possuía uma mente vivaz. Não era casada, mas vivia com o equivalente inconsciente do parceiro humano, o *animus*, aquela 525

* Ensaio III de *Gestaltungen des Unbewussten* (Psychologische Abhandlungen VII). Rascher, Zurique, 1950, onde o texto é introduzido pela seguinte nota de rodapé: "Esta dissertação é uma reelaboração total, e complementa minha conferência de igual nome publicada pela primeira vez no *Eranos-Jahrbuch*, 1933".

personificação de todo masculino em uma mulher, naquela ligação característica que encontramos em tantas mulheres formadas academicamente[1]. Como acontece frequentemente, este seu desenvolvimento baseava-se em um complexo paterno positivo, isto é, ela era uma *fille à papa* e por isso não tivera um bom relacionamento com sua mãe. Seu *animus* não a fazia aferrar-se a nenhuma convicção. Nesse ponto sua inteligência natural a protegia, bem como uma notável prontidão de acatar a opinião de outras pessoas. Essa boa qualidade, rara em alguém presa ao *animus*, junto com uma experiência de vida difícil e inevitável, possibilitou-lhe reconhecer que havia atingido um limite, chegando a um estancamento, o que a fazia encarar a necessidade mais ou menos urgente de sair à procura de caminhos que pudessem levá-la adiante. Este era um dos motivos de sua viagem à Europa. A este acrescentou-se – não por acaso – uma outra razão. Ela era de origem escandinava, pelo lado materno. Uma vez que sua relação com a mãe era insatisfatória – já o dissemos – e ela mesma o reconhecia com clareza, pouco a pouco foi se formando o sentimento de que o seu lado feminino poderia ter tido um outro desenvolvimento se a relação com a mãe o tivesse favorecido. Sua decisão de viajar para a Europa tornou-a consciente de que assim voltava para suas próprias origens, colocando-a em vias de vivificar novamente um fragmento de sua infância ligado à mãe. Antes de chegar a Zurique, foi à Dinamarca, país de sua mãe. Ali, o que mais a impressionou foi a paisagem e, inesperadamente, veio-lhe o desejo de pintar motivos bucólicos. Até então não havia percebido em si tendências artísticas desse tipo, além do que carecia de estudos em matéria de desenho e pintura. Ela começou com aquarela e seus modestos quadros

1. Cf. no comentário ao quadro 10 § 604 o trecho referente ao horóscopo.

de paisagem a enchiam de um contentamento estranho. A pintura, como me relatou, deu-lhe nova vida. Chegando a Zurique, continuou seus experimentos pictóricos e, no dia anterior à sua primeira vinda ao meu consultório, começou de novo a pintar um tema bucólico, dessa vez de memória. Ocupada com este trabalho, uma fantasia interior irrompeu: *viu-se enterrada da cintura para baixo numa rocha. Era uma praia cheia de blocos de pedra. No fundo via-se o mar. Ela sentiu-se presa e desamparada. De repente viu-me nas roupas de um feiticeiro medieval. Ela gritou, pedindo socorro; aproximei-me e toquei a rocha com a vara mágica. A pedra rompeu-se imediatamente e ela saiu de dentro inteira.* Em vez de uma paisagem, ela pintou a imagem da fantasia e a trouxe para mim no dia seguinte.

QUADRO 1

Como frequentemente acontece com os iniciantes e com os que não sabem desenhar, a representação pictórica causou-lhe muitas dificuldades. Em casos desse tipo, o inconsciente introduz clandestinamente, por assim dizer, no quadro as imagens que jazem sob a consciência. Foi assim que os grandes blocos de pedra não queriam aparecer no papel em sua forma verdadeira, mas assumiam formas inesperadas. As pedras tomavam o aspecto de ovos duros cortados em dois com a gema no meio. Outras eram como pirâmides pontiagudas. Numa dessas ela estava encravada. Seu cabelo puxado para trás e o mar agitado ao fundo indicam que soprava um vento forte. 526

O quadro representa, antes de mais nada, seu estado de cativeiro, mas não ainda o ato da liberação. Era lá que ela se encontrava presa, no país da mãe. Psicologicamente um tal estado significa uma prisão no inconsciente. A relação insatisfatória 527 com a mãe deixara o resíduo de algo obscuro e necessitado de desenvolvimento. Na medida em que ela sucumbe à magia do país materno, buscando expressá-lo por meio da pintura, torna-se claro que ainda está presa pela metade na terra materna, isto é, que está parcialmente identificada com a mãe, ou melhor, com a região do corpo que contém o segredo da mãe, nunca trazido à tona.

528 Como a senhora X havia descoberto sozinha o método há muito por mim empregado da *imaginação ativa*, pude ligar a problemática em curso justamente no ponto indicado pelo quadro: ela está detida no inconsciente e espera de mim a ajuda mágica de um feiticeiro. Uma vez que seu conhecimento psicológico referente a interpretações possíveis a punha a par das interpretações viáveis, não foi preciso nem mesmo um piscar de olhos compreensivo para trazer à luz o subentendido da vara mágica salvadora. O simbolismo sexual que tem importância máxima para muitos temperamentos ingênuos não significava para ela nenhuma descoberta. Ela tinha chegado ao ponto de saber que em seu caso uma tal explicação – por mais verdadeira que fosse em outros casos – não tinha significado algum. Ela não queria saber como uma libertação em geral seria possível, mas sim como e de que modo uma libertação poderia realizar-se em seu caso. Eu o sabia tão pouco quanto ela. Sei apenas que tais soluções só são possíveis por um caminho individual, imprevisível. Não podemos conjecturar acerca dos caminhos nem dos meios de chegar a eles, e muito menos sabê-los de antemão. Tal saber é coletivo, baseado na experiência da média e pode ser totalmente inadequado e mesmo incorreto no caso individual. E se além do mais levarmos em conta a sua idade, é melhor desistir de início de soluções pré-fabricadas e de oferecer verdades genéricas que

a paciente conhece tão bem quanto o médico. Uma longa experiência ensinou-me a renunciar em tais casos a todo saber por antecipação, a fim de dar passagem ao inconsciente. A vida instintiva já atravessou tantas vezes sem perigo algum a problemática dessa idade, de modo que podemos presumir com segurança que os processos de transformação, os quais possibilitam essa passagem, já estão há muito tempo preparados no inconsciente, apenas esperando o momento para entrar em ação.

No desenvolvimento do caso, até então, eu já havia 529
observado como o inconsciente se utilizara da falta de habilidade pictórica para fazer valer suas próprias insinuações. Não me havia passado despercebido que os blocos de pedra se tinham transformado em ovos sub-repticiamente. O ovo é um germe de vida, dotado de um alto significado simbólico. Não é apenas um símbolo cosmogônico, mas também "filosófico". No primeiro caso, trata-se do ovo órfico, o começo do mundo; no segundo, do *ovum philosophicum* da filosofia medieval da natureza, ou seja, do vaso do qual surge, ao final da *opus alchymicum*, o *homunculus*, isto é, o *anthropos*, o homem espiritual, interior e completo; na alquimia chinesa, o *chên-jen* (literalmente: o homem completo).

A partir dessa insinuação eu já podia ver a solução pre- 530
vista pelo inconsciente, isto é, a individuação, pois é este processo de transformação que solta o ser humano da prisão no inconsciente. Trata-se de uma solução definitiva, em relação à qual todos os outros caminhos se comportam apenas de modo auxiliar e provisório. Essa conclusão que inicialmente guardei só para mim me aconselhava a ser prudente. Recomendei por isso à senhora X que não parasse na mera imagem fantasiosa do ato de libertação, mas que tentasse

representá-lo pictoricamente. Não podia imaginar como seria essa representação e era melhor assim, porque de outro modo eu teria posto a senhora X em caminhos falsos por mera solicitude. Ela achou essa tarefa muito difícil por causa de suas inibições no tocante ao desenhar. Aconselhei-a por isso a contentar-se com o possível e a fazer uso de sua fantasia, a fim de contornar as dificuldades técnicas. O objetivo deste conselho era trazer o máximo de sua fantasia para o quadro, pois o inconsciente obtém desse modo a melhor ocasião de revelar seus conteúdos. Sugeri também que não tivesse receio de utilizar cores fortes, uma vez que eu sabia, por experiência, serem as cores intensas as prediletas do inconsciente. A partir disso ela criou um novo quadro.

QUADRO 2

531 Novamente os blocos de pedra, as formas redondas e pontiagudas; os primeiros não são mais ovos, mas rotundidades perfeitas, e as últimas têm na ponta uma luz intensa. Uma das formas redondas distingue-se pelo fato de um raio dourado removê-la ao explodir. Não há mais feiticeiro, nem vara mágica. A relação pessoal comigo parece haver desaparecido. O quadro representa agora um processo de natureza impessoal[2].

532 Enquanto a senhora X pintava essa imagem, fez uma série de descobertas. Antes de mais nada, ela não tinha consciência da imagem que pintaria. Tentou novamente imaginar a situação inicial; a praia cheia de pedras e o mar são provas disso. Os ovos, porém, transformaram-se em

---

2. Cf. *Psicologia e alquimia* [§ 138s. e 306]; e também LU CH'IANG WU & TENNEY L. DAVIS. An Ancient Chinese Treatise on Alchemy entitled Ts'an T'ung Ch'i, p. 241 e 251.

esferas ou círculos abstratos e o toque mágico torna-se um raio que atravessa seu estado inconsciente. Com essa alteração, ela reencontrou o sinônimo histórico do "ovo filosófico", isto é, o *rotundum*, o "redondo", a forma originária do *anthropos* (ou στοιχείο στρογγυλό, o elemento redondo na designação de Zósimo). Essa ideia é associada, desde os tempos mais remotos, ao *anthropos*[3]. Da mesma forma, de acordo com uma antiga tradição, a alma tem uma forma esférica. O monge Cesário de Heisterbach diz que ela não é apenas "semelhante à esfera da Lua, mas também provida de olhos de todos os lados" (*ex omni parte oculata*). Voltaremos adiante ao tema da polioftalmia. Seu relato refere-se provavelmente a certos fenômenos parapsicológicos, as "esferas de luz", isto é, luminosidades globulares consideradas como "almas" nas regiões mais afastadas do mundo, com notável unanimidade[4].

O raio libertador é um símbolo que Paracelso e os alquimistas também utilizam com a mesma finalidade[5]. A vara de Moisés que fende a rocha, fazendo por um lado jorrar a água da vida, transforma-se por outro em uma serpente, o que pode estar no fundo dessa imagem[6]. O raio 533

3. Cf. *Psicologia e alquimia* [§ 109].

4. CESÁRIO DE HEISTERBACH. *Dialogus Miraculorum*, IV, XXXIV e I, XXXII: "*Animam suam fuisse tanquam vas vitreum et sphaericum, oculatam retro et ante*" [Sua alma seria como um recipiente de vidro, esférico, provido de olhos atrás e na frente]. Relatos semelhantes foram reunidos *in*: BOZZANO, *Populi primitivi e manifestazioni supernormali*. Tradução para o alemão de SCHNEIDER: *Übersinnliche Erscheinungen bei den Naturvölkern*, p. 209s.

5. [JUNG] *Paracelsus als geistige Erscheinung* (Paracelso, um fenômeno espiritual) [§ 190]. É Hermes de Cilene que chama as almas para cima. O caduceu corresponde ao falo. Cf. HIPÓLITO. *Elenchos*, V, 7, 30, p. 87.

6. A mesma conexão *in*: *Elenchos*, V, 16, 8, p. 113. Serpente = δύναμις de Moisés.

significa uma mudança inesperada e subjugante da condição psíquica[7].

534 Ao "espírito do raio" corresponde a "grande vida onipotente" tal como disse Jacob Böhme[8]. "...pois quando batemos na parte aguda da pedra o espinho amargo da natureza se aguça, irritando-se ao extremo, pois a natureza *rompida* em seu ponto agudo *faz com que a liberdade apareça como um raio*"[9]. O raio é "*o nascimento da luz*"[10]. Ele tem o poder da transformação. Böhme diz o seguinte: "Se eu pudesse compreender o raio em minha carne, tal como é, vejo e reconheço, poderia transfigurar meu corpo através dele ('do raio vem a luz da majestade'), de modo que meu corpo não se assemelharia mais ao do animal, mas aos anjos de Deus"[11]. Em outra passagem o mesmo autor diz: "Da mesma forma, o raio da vida rebenta em meio à força divina, lá onde todos os espíritos de Deus recebem

7. "Mentis sive animi lapsus in alterum mundum" [o deslizar do espírito ou da alma para o outro mundo] (RULANDUS. *Lexicon Alchemiae*). Na Chymischen Hochzeit [Rosencreutz] o relâmpago produz a vivificação do par real. No Apocalipse de Baruch (sírio), o Messias aparece como raio (RIESSLER. *Altjüdisches Schriftum ausserhalb der Bibel*, p. 101). Em Hipólito também se lê (Elenchos, VIII, 10, 5, p. 230) que, segundo a visão dos docetistas, o monogenés se contraiu "como o maior relâmpago no menor corpo" ou "como a luz dos olhos sob as pálpebras" porque os éons não puderam suportar o fulgor do pléroma. E nessa forma ele também entrou no mundo através de Maria (10, 6, p. 230). Do mesmo modo Lactâncio (*Divinae institutiones*, VII, 19, 644): "in orbe toto lumen descendentis dei tamquam fulgur etc.", baseando-se em Lc 17,24: "...sicut fulgur coruscans... ita erit Filius hominis in die sua" ["De fato, como o relâmpago relampeja... assim acontecerá com o Filho do Homem em seu dia"]. Bem como Zc 9,14: "et Dominus Deus... exibit ut fulgur iaculum eius" ["O Senhor aparecerá sobre eles, e partirá como relâmpago sua flecha"].

8. *Viertzig Fragen von der Seelen Urstand, Essentz usw.* I, 91.

9. *Vom dreifachen Leben des Menschen*, II, 24.

10. *Aurora, oder Morgenröthe im Aufgang*, 10, 13, p. 133.

11. *Op. cit.*, 10, 24, p. 135.

sua vida e se regozijam etc."[12] Acerca do "espírito da fonte" de Mercúrio, Böhme comenta que ele surge no "fogo-raio". Mercúrio é o "espírito animal" que sai do corpo de Lúcifer "nos salitres[13] de Deus como uma *serpente ígnea*, saltando de seu buraco", como "se uma belemnite de fogo conduzisse a natureza de Deus ou uma serpente, contorcendo-se, enraivecida pretendesse despedaçar a natureza"[14]. Do mais "íntimo *nascimento da alma*", o corpo animal receberia "apenas um rápido olhar como se relampejasse"[15]. O "*nascimento divino* triunfante" dura "em nós, seres humanos, só o tempo de um relâmpago; por isso, nosso conhecimento é fragmentado; em Deus, porém, o raio é imutável e, portanto, eterno"[16] (cf. tb. fig. 1, quadro 3).

Neste contexto quero mencionar algo que Böhme associa ao raio. Trata-se da quaternidade que desempenhará um papel importante nas pinturas que se seguem: quando o raio é encerrado e aquietado nas quatro qualidades, ou nos quatro espíritos[17], "o raio ou a luz fica no centro como um coração[18]. Quando a mesma luz do meio ilumina os quatro espíritos, as forças deles ascendem na luz e tornam-se vivas, amam a luz, isto é, recebem-na e dela *engravi-* 535

12. *Op. cit.*, 12, 39, p. 159.

13. Sal nitri = salitre, como sal a *prima materia* (Drey Principia, I, 9).

14. *Aurora*, 15, 65, p. 206. Aqui o relâmpago não é de forma alguma uma manifestação da vontade divina, mas uma mudança de estado da natureza satânica. O relâmpago também é um modo de o diabo aparecer (Lc 10,18).

15. *Aurora*, 19, 18, p. 240.

16. *Op. cit.*, 11, 5, p. 143.

17. As quatro qualidades correspondem, em Böhme, em parte aos quatro elementos, em parte às quatro qualidades como seco, úmido, quente, frio, em parte às qualidades de paladar, como acre, amargo, doce, azedo, em parte às quatro cores.

18. Um coração constitui o centro do mandala nas Viertzig Fragen, cf. fig. 1, quadro 3.

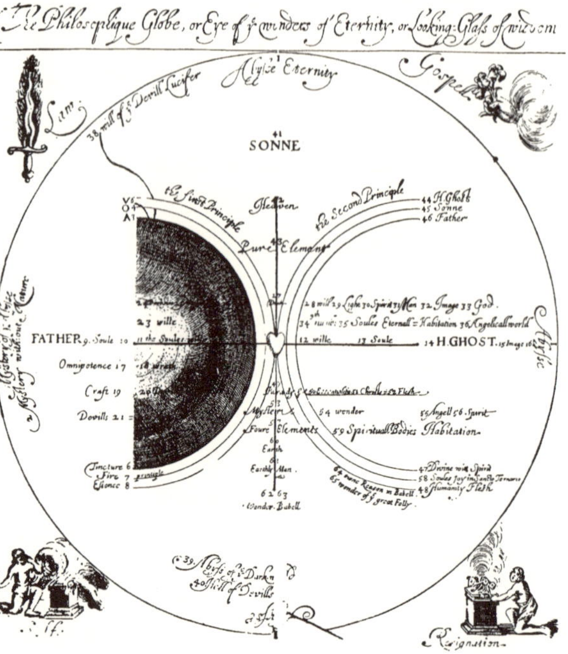

Fig. 1. Mandala que consta na obra de Jacob Böhme, *Viertzig Fragen von der Seele*, de 1620. A figura foi tirada da edição inglesa de 1647. A quaternidade se compõe de *Father* (Deus-pai, o *auctor rerum*), *H. Ghost* (Espírito Santo), *Son* (Filho) e *Earth* (Terra), respectivamente *Earthly Man* (ser humano terreno). É característico que os dois semicírculos estejam voltados um contra o outro, em vez de se fecharem.

dam"[19]. "O raio ou a *vara*[20], ou o coração que é gerado nas forças permanece no centro; e isso é o *Filho*... E esse é o verdadeiro *Espírito Santo*, que nós, cristãos, honramos e

19. *Aurora*, 11, 16, p. 144.

20. "*Stock*" pode significar aqui árvore ou cruz (σταυρός = estaca), ou seja, pé de flor, de árvore, pé de cruz, mas também pode referir-se a uma vara (bengala, batuta). No segundo caso, poderia tratar-se de uma vara mágica, que no desenvolvimento subsequente desses quadros começa a brotar. Cf. mais adiante!

adoramos como terceira pessoa da divindade"[21]. Em outra passagem Böhme diz: "Quando o raio de fogo atinge a essência escura[22], um grande terror se apossa do fogo frio, como se morresse e se tornasse impotente, mergulhando em si mesmo... Mas agora o raio... traça uma ✝ em sua ascensão, abarcando todas as propriedades, pois aqui o Espírito surge na essência[23] e assim se estabelece: ♁ se tu aqui tiveres entendimento não deves perguntar mais nada, trata-se de eternidade e tempo: Deus em amor e ira, e também céu e inferno. A parte inferior ◡ é o primeiro princípio e é a natureza eterna na ira enquanto reino da escuridão habitando em si mesma; e a parte superior (♁ com essa figura) é o salitre[24], o superior ✝ acima do círculo é o reino

---

21. *Aurora*, 11, 12, p. 145.

22. A escuridão de baixo corresponde ao mundo elementar, que se caracteriza pelo quatérnio. Cf. com os quatro achurajim mencionados no comentário da sétima imagem.

23. O fundamento disso é que o relâmpago é captado pela quaternidade dos elementos e das qualidades, assim é dividido em quatro.

24. O "*sal petrae*" é a matéria arcana, sinônimo de "*sal saturni*" e de "*sal tartari mundi maioris*" (KHUNRATH. *Von hylealischen Chaos*, p. 263). *Tartarus* tem dois sentidos na alquimia. Significa tártaro, por um lado, e, por outro, a metade do recipiente de cozimento, bem como a substância arcana (ABRAHAM ELEAZAR. *Uraltes Chymisches Werk*, II, p. 91, 32). Nas "*cavitates terrae*" (= *tartarus*) crescem os metais. Segundo Khunrath, sal é o "*centrum terrae physicum*". De acordo com Abraham Eleazar "o céu e o tártaro do sábio" transformam todos os metais novamente em mercúrio. *Saturnus* é um *maleficus* sombrio. (O mesmo simbolismo no Ofertório da Missa de Sufrágio pelas almas [*Missale Romanum*]: "*libera animas omnium fidelium defunctorum de poenis inferni et de profundo lacu: libera eas de ore leonis* (atributo do Jaldabaoth = Saturno), *ne absorbeat eas tartarus, ne cadant in obscurum*" ["libertai as almas de todos os fiéis defuntos das penas do inferno e do abismo profundo; libertai-as das fauces do leão, para que as profundezas não as devorem e elas não caiam na escuridão"].) O Saturno determina a escuridão (BÖHME. *Vom dreifachen Leben*, 9, 73) e é um aspecto do salitre (*De signatura rerum*, 14, 41, p. 185). O salitre é a "secagem", isto é, a solidificação e incorporação dos sete espíritos da fonte de Deus, todos eles contidos no sétimo, ou seja, no Mercúrio, na "Palavra de Deus" (*Aurora*, 11, 47; 15, 38, *De signatura rerum*, 4, 32, p. 35). Aquele é, como este último, mãe e origem de todos os metais e sais (*De signatura rerum*, 14, 41, p. 185, e 3, 19, p. 21). Ele é um "*corpus subtile*", a terra do paraíso e o estado imaculado do corpo, antes da queda; logo, a mais alta representação da matéria-prima.

da glória, o qual no terror do reino da alegria[25], na vontade do gozo livre procede do fogo no brilho da luz, na força da liberdade, e o mesmo espírito-água[26]..., é a corporalidade do gozo livre..., no qual o fulgor faz uma tintura do fogo e da luz, como um verde já recrescer, e uma manifestação das cores do fogo e da luz"[27].

536 Eu me detive propositalmente nas considerações de Böhme sobre o raio porque elas são extremamente elucidativas em relação à psicologia dos quadros em exame. Elas antecipam com certeza coisas que só se tornarão claras nos quadros posteriores. Peço, portanto, ao leitor que se lembre das visões de Böhme ao ler os comentários que se seguem. Os pontos mais importantes são ressaltados em *itálico*. É fácil reconhecer o que significa o raio nas citações de Böhme e qual o seu papel no caso em análise. A última citação merece atenção especial, uma vez que antecipa vários motivos-chave das pinturas subsequentes de minha analisanda, a saber, a cruz, a quaternidade, bem como o mandala dividido, cuja parte inferior corresponde aproximadamente ao inferno e a superior à esfera mais luminosa do salitre. Para Böhme a metade inferior significa a "escuridão eterna", a qual "se estende até o fogo"[28], ao passo que a superior, salitrosa, corresponde ao terceiro princípio, ao "mundo visível dos elementos..., que é uma emanação do círculo, é o reino da glória, o qual no terror do reino da alegria, na vontade do gozo livre, procede do fogo no brilho da luz, na força da liberdade do primeiro princípio e de outros"[29]. A cruz

25. O feliz Reino de Deus.

26. Refere-se às "águas superiores" (Gn 1,7).

27. *De signatura rerum*, 14, 28s., p. 182.

28. *Tabulae principiorum*, p. 271, 3.

29. *Op. cit.*, p. 5.

finalmente corresponde ao segundo princípio, ao "reino da glória", que se revela pelo "fogo mágico", justamente por meio do raio que ele chama de "revelação do movimento divino"[30]. O "brilho do fogo" provém da "unidade de Deus" e revela a sua vontade. O mandala representa, portanto, o "reino da natureza", o qual "é em si mesmo a grande e eterna escuridão". O "Reino de Deus", por outro lado, ou a "glória"[31] (isto é, a cruz) é a luz da qual fala Jo 1,5: "A luz brilha nas trevas e as trevas não a receberam". A vida que "se separa da luz eterna e ricocheteia parecendo entrar na ipseidade das propriedades" é "apenas uma fantasia e tolice, tal como os demônios se tornaram e também as almas condenadas, como se vê [...], no quarto número"[32]. O "fogo da natureza eterna" é chamado por Böhme a quarta forma, com isso significando "um fogo-vida espiritual que se originaria da conjunção permanente [...] da dureza (isto é, do salitre seco solidificado) e do movimento" (ou seja, da vontade divina)[33]. Em total correspondência com Jo 1,5, a quaternidade do raio, a cruz, pertence ao reino da glória, ao passo que a natureza, isto é, o mundo visível e o abismo tenebroso, segundo essa visão de Böhme, não são tocados pela luz quádrupla e permanecem, portanto, na escuridão.

Para completar deve ser mencionado que o sinal ♁ é 537
o do cinábrio, o minério mais importante do mercúrio (HgS)[34]. A coincidência dos dois símbolos não deve ser casual, levando-se em conta o significado que Böhme atribui

30. *Op. cit.*, p. 279, 42.

31. *Op. cit.*, p. 280, 45.

32. *Op. cit.*

33. *Op. cit.*, p. 279, 41.

34. Seu nome oficial é *Hydrargyrum sulphuratum rubrum*. Outra versão de seu sinal é ♁ (LÜDY. *Alchemitische und chemische Zeichen*; GESSMANN. *Die Geheimsymbole der Alchemie, Arzneikunde und Astrologie des Mittelalters*).

ao mercúrio. Ruland acha algo difícil definir exatamente o que significa o termo "cinábrio"[35]. Só é certo que já na alquimia grega existia um κιννάβαρος των φιλοσόφων (cinábrio dos filósofos) o qual representa a rubedo da substância da transformação. Lemos em Zósimo: "[Depois do processo anterior] encontrarás o ouro tinto de vermelho ígneo como o sangue. Este é o cinábrio dos filósofos e o homem de cobre (χάλκάνθρωπος) (o qual se tornou) ouro"[36]. "O cinábrio também era considerado idêntico ao dragão ou uróboro[37]. Já em Plínio o cinábrio é denominado *sanguis draconis*, nome que persiste durante toda a Idade Média[38]. Devido à vermelhidão, ele foi frequentemente identificado com o *sulphur philosophicus*. Uma dificuldade especial está no fato de os cristais de cinábrio cor de vinho terem sido classificados entre os άνθρακες, os carbonos, aos quais pertencem todas as pedras que vão da cor avermelhada ao vermelho, tais como os rubis, granadas, ametistas etc. Todas luzem como carvões em brasa[39]. Os carvões de pedra λάμπωνρακες eram considerados como carvões "extintos". Tais associações explicam a semelhança dos sinais alquímicos para ouro, antimônio e granada. Ouro ♁, a substância filosófica mais importante ao lado do mercúrio, tem um

35. "*Maximum est dubium apud Medicos quid sit Cinnabaris, quia nomen hoc Cinnabaris multis et diversis tribuitur rebrus ab auctoribus*" [Existe entre os médicos a maior dúvida sobre o que seja o *Cinnabaris*, uma vez que esta designação, *Cinnabaris*, é utilizada pelos autores para muitas e diversas coisas] (RULANDUS. *Lexicon alchemiae*, cf. verbete Cinnabaris, p. 149).

36. BERTHELOT. *Collection des ancien salchimistesgrecs*, III, XXIX, 24, p. 198/204.

37. *Op. cit.*, I, v. I, p. 22/21. Observar acerca do simbolismo ligado ao círculo (uróboro) que o dragão tem três orelhas e quatro pés (Axioma de Maria! Cf. *Psicologia e alquimia* [§ 209s.]).

38. *Naturalis historiae libri*, XXXIII, VII.

39. Na medicina *anthrax* = *carbunculus* = abscesso de pele.

sinal comum com o *regulus antimonii*[40], substância que gozava de um prestígio particular como uma nova substância de transformação[41] e panaceia[42] justamente nas duas décadas que precederam a redação do texto *De signatura rerum* (1622), da qual tiramos a nossa citação. Aproximadamente na primeira década do século XVII foi publicado *O carro do triunfo do antimônio* de Basílio Valentino (primeira edição 1611?)[43], encontrando logo a mais ampla acolhida. Uma ♁ é o sinal da granada. O sinal ⊖ significa sal. A cruz com um pequeno círculo ⊕ significa cobre (de *Kypris* = Vênus ♀). O *spiritus tartari* medicinal (ver *tartarisatus*) é designado por ⊕. O *sal tartari* (tártaro) tem o sinal ⊖ 🜿[44]. O tártaro deposita-se no fundo da vasilha, isto é, na linguagem alquímica: no mundo inferior, no *Tartarus*[45].

538 Não pretendo dar aqui uma interpretação do símbolo böhmeano, mas apenas ressaltar que, contrariamente a ele, o raio cai na pedra "dura" e da escura massa confusa a explosão faz sair um *rotundum* e acende neste ao mesmo tempo uma luz. Sem dúvida alguma a pedra escura significa aqui o negrume, isto é, o inconsciente, ao passo que o mar e o céu, bem como a metade superior da figura humana,

40. O antimônio também é indicado por ♁. Designa-se por *regulus* um metal obtido por redução de uma liga.

41. Michael Maier diz: "*Verum philosophorum antimonium in mari profundo, ut regius ille filius demersum delitescit*" [O verdadeiro antimônio dos filósofos encontra-se oculto como aquele filho do rei na profundeza do mar]. (*Symbola aureae mensae*, p. 380.)

42. Enaltecido como "Hermes morbicida" [Héracles que destrói a doença] (*op. cit.*, p. 378).

43. O livro é mencionado (pela primeira vez?) em Michael Maier, *op. cit.*

44. Também (cf. símbolo no livro), uma quaternidade pura.

45. Τάρταροσ é compreendido como βόρβοροσ, βάρβαροσ etc., onomatopoeticamente, ou seja, como expressão de horror. Τάργανον significa vinagre, vinho acre. Deriva de ταράσσω, mexer, confundir, assustar (τάραγμα, desassossego, confusão) e τάρβος, medo.

apontam para o reino da consciência. Podemos supor sem grande risco de erro que o símbolo de Böhme também alude a uma situação semelhante. O raio desprende em nosso caso a forma esférica da rocha, portanto, algo como uma libertação. No entanto, tal como o mago é substituído pelo raio, a analisanda é substituída pela esfera. O inconsciente provocou-lhe ideias, as quais mostram que sem o acréscimo da consciência a paciente continuara a pensar, modificando assim essencialmente a situação inicial. Sua inabilidade pictórica motivou novamente este resultado. Antes de encontrar essa solução ela havia feito duas tentativas de representar o ato da libertação por meio de figuras humanas, falhando, porém. Ela não havia percebido que a situação inicial – a prisão na pedra – já era irracional e simbólica, não podendo por isso ser resolvida de um modo racional. Isso deveria acontecer também por intermédio de um processo irracional. Eu a aconselhara, caso a sua intenção de desenhar figuras humanas falhasse, a utilizar qualquer tipo de hieróglifo. Ela disse então que tivera a ideia súbita de que a esfera seria um "símbolo" adequado para o indivíduo humano. O fato de que isso tenha sido uma ideia súbita (*Einfall*) indica que não foi a sua consciência que urdiu essa tipificação, mas sim o inconsciente, pois a ideia súbita irrompe espontaneamente. Note-se que a esfera representa a paciente e não a mim mesmo. Eu sou apenas representado pelo raio, portanto só como função, isto é, significo para ela apenas a causa "deflagradora". Como mago, eu lhe aparecera no papel adequado de Hermes de Cilene, do qual a *Odisseia* (XXIV, 2s.) diz:

> Hermes de Cilene conclamou as almas
> Dos que foram mortos violentamente
> E tomou nas mãos a bela vara de ouro
> Com ela fecha os olhos mortais, segundo sua vontade,
> E desperta de novo os adormecidos.

Hermes é o ψυχῶν αἴτιος, o "originador das almas"[46]. Ele também é o guia dos sonhos (ἡγῆτερ ὀνείρεν)[47]. É muito importante atribuir o número 4 a Hermes nas pinturas subsequentes. Marciano Cappella diz: "*Numerus quadratus ipsi Cyllenio deputatur, quod quadratus deus solus habeatur*"[48].

A forma que a pintura adquiriu não foi necessariamen- 539
te bem-vinda à consciência da paciente. A senhora X descobrira, porém, felizmente, enquanto pintava, que dois fatores estavam em jogo: a razão e os olhos, em suas próprias palavras. A razão queria sempre configurar as formas, segundo os seus pressupostos. Os olhos, porém, teriam se mantido fiéis à sua visão, forçando que o quadro saísse de acordo com a realidade, na medida do possível, sem obedecer à expectativa racional. Sua razão – disse ela – tencionava representar uma cena diurna, na qual o calor solar derreteria a pedra, libertando a esfera, mas o olho teria preferido um quadro noturno e um "raio fulminante e perigoso". Essa compreensão ajudou-a a reconhecer o resultado efetivo de seu esforço pictórico, levando-a a admitir que se tratava de um processo objetivo e impessoal e não de um relacionamento pessoal.

Não seria fácil para uma concepção personalista do fato 540
psíquico – como no caso do pressuposto freudiano – ver neste resultado algo diverso de uma repressão elaborada. Se, porém, houvesse aqui alguma repressão, não podemos responsabilizar a consciência porque essa teria preferido necessariamente um *imbroglio* pessoal que para ela seria mais interessante. A repressão deve ter sido manobrada pelo próprio inconsciente. Reflitamos sobre o que significa o insti-

46. HIPÓLITO. *Elenchos*, V, 7, 30, p. 86.
47. KERÉNYI. *Hermes der Seelenführer*, p. 29.
48. *Op. cit.*, p. 30.

nto – a força mais originária do inconsciente – ser reprimido e torcido por um arranjo dele mesmo. Seria desnecessário falar ainda em tal caso de "repressão", uma vez que o inconsciente sempre vai diretamente à sua meta, a qual não consiste só em acasalar dois animais, mas em permitir que um indivíduo se torne completo. Para isso a totalidade – isto é, o esférico – é enfatizada como sendo a essência da personalidade, e eu sou reduzido à fração de segundo da duração de um raio.

541 A associação da analisanda em relação ao raio levou-a a interpretá-lo como sendo a intuição, conjectura que não se aparta muito do caminho na medida em que a intuição ocorre frequentemente "como um raio". Além disso, havia motivo suficiente para supor que a senhora X era do tipo sensação. Ela própria assim se considerava. A função "inferior" seria nesse caso a intuição. Como tal, caberia a ela a função de solucionar e "redimir". Sabemos pela experiência que a função inferior sempre compensa, complementa e equilibra a função principal[49]. Minha peculiaridade psíquica torna-me, em relação a este caso, um portador adequado de projeção. A função inferior é aquela que menos usamos conscientemente. Essa é a razão de sua qualidade indiferenciada, mas também de seu frescor e vitalidade. Ela não está à disposição da consciência e mesmo depois de um uso prolongado não perde quase nada de sua autonomia e espontaneidade. Seu papel, portanto, é o de um *deus ex machina*. Ela não depende do eu, mas do si-mesmo. Atinge a consciência inesperada e ocasionalmente, com consequências devastadoras como um raio. Ela afasta o eu e abre espaço para um fator superior a ele, isto é, para a totalidade do ser humano, constituída pela consciência e pelo inconsciente, estendendo-se, portanto, muito além do eu. O si-mesmo

49. Os pares de funções são pensamento-sentimento, sensação-intuição. Cf. *Tipos psicológicos*, definições.

sempre estivera presente[50], porém adormecido, como uma "imagem na pedra" (Nietzsche)[51]. Trata-se na realidade do segredo da "pedra", da *lapis philosophorum*, na medida em que essa representa a matéria-prima. Na pedra dorme o espírito de Mercúrio, o "círculo da Lua", o "redondo e quadrilátero"[52], o *homunculus* (ἀπθρωπάριον), o pequeno polegar e o *anthropos* ao mesmo tempo[53], que os alquimistas também simbolizavam com sua famosa *lapis philosophorum*[54].

Todas essas ideias e inferências eram obviamente desconhecidas de minha analisanda, e para mim eram conscientes naquela época só na medida em que eu conseguia reconhecer o círculo como um mandala[55], expressão psicológica da totalidade do si-mesmo. Nessa circunstância era impossível que houvesse uma contaminação, ainda que não intencional, com ideias alquímicas. As pinturas em questão representam criações genuínas do inconsciente em seus aspectos essenciais; em seus aspectos não essenciais (temas de paisagens) elas provêm de conteúdos conscientes. 542

Apesar de a esfera com seu centro vermelho luminoso e o raio dourado desempenharem o papel principal, não se pode ignorar que além deles são insinuadas diversas esferas ou ovos. Se a esfera significa o si-mesmo da analisanda, devemos necessariamente estender a mesma interpretação às outras esferas. Essas últimas representariam então outras pessoas de seu convívio. Em ambas as pinturas são claramente indicadas duas outras esferas. Devo mencionar, 543

50. Cf. *Psicologia e alquimia* [§ 329], onde prova a existência apriorística de símbolos do mandala.

51. Para maiores detalhes: *Psicologia e alquimia* [§ 406].

52. PREISENDANZ. *Papyri graecae magicae* II, p. 139.

53. *O espírito de Mercúrio* [§ 267s.].

54. *Psicologia e alquimia*, cap. III, 5.

55. WILHELM & JUNG. *O segredo da flor de ouro*.

portanto, que a senhora X tinha duas amigas, as quais participavam intimamente de seus interesses intelectuais, estando unidas por uma amizade permanente. As três amigas estão enraizadas por um laço do destino na mesma "terra" do inconsciente coletivo, o qual é um e o mesmo para todas. Por isso provavelmente a segunda pintura tem um nítido caráter noturno, determinado pelo inconsciente, em oposição à consciência. Mencionemos também que as pirâmides pontiagudas do primeiro quadro reaparecem no segundo. Neste as suas pontas são douradas pelo raio, o que as destaca de modo especial. Eu as interpretaria como "algo que é impelido para fora", isto é, conteúdo do inconsciente que se esforçam para chegar à luz da consciência, a modo de muito conteúdo do inconsciente coletivo[56]. Contrariamente ao primeiro quadro, o segundo foi pintado com cores mais vivas, isto é, vermelho e dourado. O ouro expressa a luz do Sol, valor e até mesmo a divindade. Por isso é um sinônimo preferido para a *lapis philosophorum*, como *aurum philosophicum*, *aurum potabile* ou *aurum vitreum*[57].

544 Como já mencionamos, naquela época eu não me encontrava em condições de revelar à senhora X algo referente a essas ideias, pelo fato de nem eu mesmo conhecê-las. Vejo-me forçado a referir de novo essa circunstância, porque o terceiro quadro apresenta um tema apontando inequivocamente para a alquimia e representou para mim o estímulo definitivo que me levou às obras clássicas dos antigos adeptos.

---

56. Fala-se frequentemente e com razão da resistência do inconsciente ao processo de conscientização. Por outro lado, devemos também ressaltar que o inconsciente tem uma certa tendência para a ocorrência, isto é, um impulso para a conscientização.

57. Ouro filosófico e potável e pérolas (refere-se a Ap 21,21).

QUADRO 3

Este quadro surgiu tão espontaneamente quanto os dois anteriores, destacando-se por suas cores mais claras. No espaço nebuloso flutua uma esfera azul-marinho com bordas vermelho-vinho. Ela é envolvida pelo meio por uma faixa ondulante e prateada, que mantém a esfera em equilíbrio por meio de "forças iguais e opostas", conforme declarou a analisanda. À direita, em cima, flutua enrolada uma serpente cor de ouro, com a cabeça voltada para a esfera, um óbvio desenvolvimento do raio dourado do quadro 2. No entanto, a serpente foi um acréscimo posterior devido a certas "reflexões". O todo é *a planet in the making*[58]. No centro da faixa prateada lê-se o número 12. A faixa sugere o movimento vibratório e rápido, donde o tema da onda. É como uma faixa vibratória que mantém a esfera flutuando. A senhora X compara-a ao anel de Saturno. No entanto, à diferença deste, que se formou de satélites desintegrados, a faixa da pintura sugere muito mais a origem de futuras luas em formação, tais como as possui Júpiter. As linhas negras na faixa prateada são denominadas "linhas de força" pela paciente e indicam o movimento da faixa. Observei, perguntando: "Então são as vibrações da faixa que mantêm a esfera flutuando?" "Naturalmente", disse ela, "são as vibrações de Mercúrio, o mensageiro dos deuses. A prata é o mercúrio". E continuou: "Mercúrio, isto é, Hermes, é o *nous*, o espírito ou intelecto, isto é, o *animus* que aqui está fora e não dentro. É como um véu que oculta a verdadeira personalidade"[59]. Deixemos de lado por enquanto essa última observação para voltarmos ao contexto que se seguirá, o qual, diversamente das pinturas anteriores, é muito rico em conteúdo. 545

58. [Um planeta em formação.]

59. A senhora X refere-se aqui às minhas explanações em *O eu e o inconsciente*, que ela conhecia em sua primeira versão em meus *Collected Papers on Analytical Psychology*.

546 Enquanto a senhora X pintava esse quadro, sentiu que dois antigos sonhos se intrometiam nessa visão. Tratava-se dos dois "grandes" sonhos de sua vida. Ela conhecia o atributo "grande" através de meus relatos sobre a vida onírica dos primitivos africanos, que eu havia visitado. Esse atributo se tornara uma espécie de "termo coloquial" para designar sonhos arquetípicos, os quais – como sabemos – possuem uma numinosidade peculiar. É nesse sentido que a sonhadora o utilizou. Vários anos antes ela se submetera a uma cirurgia grave. Durante a anestesia teve as seguintes visões oníricas: *Ela viu uma esfera cinzenta do mundo. Uma faixa prateada circulava na altura do equador da esfera, formando zonas de condensação e de rarefação, alternadamente, de acordo com as fases vibratórias. Nas zonas de condensação apareciam os números 1 a 3; sua tendência, porém, era a de elevar-se até o número 12.* Tais números significavam "pontos nodais" ou "grandes personalidades" que desempenhavam um papel no decorrer do desenvolvimento histórico. "O número 12 significava o ponto nodal ou 'o grande homem' mais importante (ainda por vir), pelo fato de designar o ponto culminante ou da mutação no processo do desenvolvimento" (em suas próprias palavras).

547 O outro sonho que se imiscuía na visão ocorrera um ano antes do sonho anteriormente citado: *Ela viu uma serpente dourada no céu. Essa exigia, como sacrifício, um rapaz em meio a uma multidão de pessoas; o rapaz obedeceu à exigência com uma expressão dolorosa.* O sonho repetiu-se depois de um curto espaço de tempo: *A serpente escolheu, então, a própria sonhadora. A multidão a olhava com compaixão, mas ela assumiu seu destino "orgulhosamente".*

548 Segundo me havia contado, nascera pouco depois da meia-noite, de tal modo que havia uma dúvida se ela viera à luz do mundo no dia 28 ou 29. Seu pai costumava gracejar acerca disso, dizendo que ela nascera antes do tempo, uma

vez que viera ao mundo no início de um novo dia, de tal modo que quase se acreditava que ela tivesse nascido "na décima segunda hora". O número 12 significava para ela, como dizia, o ponto culminante da vida, o qual só agora ela atingia. Sentia a "libertação" como o ápice de sua vida. De fato, trata-se de uma hora de nascimento; no entanto não foi a sonhadora, mas o si-mesmo, que nasceu. Essa distinção deve ser mantida.

O contexto da terceira pintura aqui apresentada exige 549
uma explicação. Antes de mais nada, ressaltemos que a analisanda sente o momento em que pintava este quadro como um "ápice" de sua vida e assim o indica. Além disso dois "grandes" sonhos se condensaram nessa pintura, o que ainda aumenta sua importância. A esfera impelida para fora da rocha, na segunda pintura, subiu ao céu numa clara atmosfera. A escuridão noturna da terra desapareceu. O acréscimo de luz indica uma conscientização: a libertação tornou-se uma realidade integrada à consciência. A analisanda compreendeu que a esfera flutuante representava "a verdadeira personalidade" (*the true personality*). Permanece obscuro, no entanto, como ela imaginava a relação do eu com a "verdadeira personalidade". O termo por ela escolhido coincide de modo significativo com o *chên-yen* chinês, o "homem verdadeiro" ou "completo". Este, por sua vez, tem a maior afinidade com o *homo quadratus*[60] da alquimia[61]. Como já vimos na análise do segundo quadro, o *rotundum* da alquimia é idêntico a Mercúrio,

60. A expressão "*square*" também é usada neste sentido no inglês moderno.

61. A "quadrata figura" que aparece como símbolo da *lapis* no centro do mandala alquímico, cujo ponto central é Mercúrio, recebe o nome de "mediador (*mediator*), o que promove a paz entre os inimigos" (*Hermetis Trismegisti Tractatus aureus cum scholiis. In*: *Theatrum chemicum*, 1613, IV, p. 691).

ou "redondo e quadrado"[62]. Aqui a relação com Mercúrio torna-se estranhamente evidente *in concreto*. Isso, graças à ideia mediadora de Mercúrio alado, o qual participa do quadro por direito próprio, como se vê e não por causa de um desconhecimento dos escritos de Böhme[63].

550 Para os alquimistas o processo da individuação representado pela *opus* correspondia a uma analogia com a criação do mundo e a própria *opus* era uma analogia com a obra divina da criação. O "homem" é considerado como um microcosmo, correspondendo totalmente ao mundo em escala pequena. No caso em questão, encontramos aquilo que no homem corresponde ao cosmos e o tipo de processo evolutivo equiparável à criação do mundo e à formação dos corpos celestes esféricos: é o nascimento do si-mesmo, em que este aparece como um microcosmo[64]. Não é o homem empírico que constitui a *correspondentia* com o mundo, como pensavam na Idade Média, mas sim a totalidade do homem anímico ou espiritual, impossível de ser descrita por que o homem é composto pela consciência e pela extensão indeterminável do inconsciente[65]. A designação de microcosmo prova a existência de uma intuição geral (presente também em minha analisanda) de

62. Lemos isso em uma invocação a Hermes. Cf. PREISENDANZ. *Op. cit.*, II, p. 139. Para mais detalhes: *Psicologia e alquimia* [§ 172 e fig. 214] representa uma repetição do "*quadrangulum secretum sapientum*": Hermetis Trismegisti Tractatus aureus. *In*: *Bibl. chem. curiosa* I, p. 408b. Cf. tb. [JUNG] *O espírito de Mercúrio* [§ 273s.].

63. Outra origem do *mercury* foi impossível de ser localizada apesar de todos os esforços. Evidentemente a hipótese da criptomnésia não está descartada. Diante da precisão da ideia e da espantosa coincidência de seu surgimento (cf. Böhme!) prefiro essa última hipótese, a qual não elimina o arquétipo, mas pelo contrário o pressupõe.

64. Cf. o "mais íntimo nascimento da alma" em Böhme.

65. Este *homo interior* ou *altus* [homem interior ou elevado] foi Mercúrio ou, pelo menos, dele se originou. Cf. *O espírito de Mercúrio* [§ 284s.].

que o homem "completo" é amplo como o mundo, um *anthropos*. A analogia cósmica já havia surgido no sonho da analisanda durante a anestesia, o qual contém igualmente o problema da personalidade: os pontos nodais das vibrações são "grandes personalidades" de projeção histórica. No ano de 1926 eu já havia observado numa paciente um processo de individuação similar, ilustrado por quatro pinturas. Tratava-se também de uma criação do mundo representada da seguinte maneira (fig. 2).

Fig. 2. Esboço de um quadro de 1916. Em cima um Sol cercado de um halo com as cores do arco-íris; à esquerda o processo descendente e à direita o processo ascendente de transformação. O halo tem doze divisões (zodíaco!).

551 Três gotas isoladas caem de um começo desconhecido e dissolvem-se em quatro linhas[66], isto é, em dois pares de linhas que são móveis e descrevem quatro caminhos que inicialmente se separam para unir-se depois periodicamente em um ponto nodal, representando assim um sistema de vibrações. Os pontos nodais significam "grandes personalidades e fundadores de religiões", como dizia minha antiga paciente. Trata-se obviamente da mesma ideia, que podemos designar como arquetípica, uma vez que existem ideias genéricas sobre os períodos do mundo, transições críticas, deuses e semideuses personificando os éons. O inconsciente não produz suas imagens a partir de reflexões conscientes, mas sim da disposição onipresente do sistema humano para tais representações, como os períodos do mundo dos parses, os yugas e avatares do hinduísmo e os meses platônicos da astrologia, com seus deuses *Taurus* e *Aries* e o "grande" *Pisces*[67] do éon cristão.

552 O fato de os pontos nodais do quadro de nossa paciente significarem ou conterem números aponta para uma mística inconsciente dos números, cujo enigma nem sempre conseguimos solucionar com facilidade. Até onde posso alcançar, há dois estágios nessa fenomenologia aritmética. O primeiro vai até o três; o outro, mais tardio, vai até o doze. São dois números, portanto, o três e o doze, a serem mencionados expressamente. Doze é quatro vezes três. Suponho que aqui deparamos com o *axioma de Maria*, ou seja, com o dilema peculiar de três e quatro[68], que já discuti diversas vezes[69],

66. As linhas acusam as quatro cores clássicas.

67. O peixe "gigantesco" da inscrição-Aberkios (por volta do ano 200) [cf. Aion, § 127].

68. Cf. FROBENIUS. *Schicksalskunde*, p. 119s. As interpretações do autor parecem-me, porém, duvidosas sob vários pontos de vista.

69. *Psicologia e alquimia* [§ 204] e "A fenomenologia do espírito no conto de fadas" [§ 425 e 430 de OC 9/1].

porquanto desempenha um papel importante na alquimia. Eu ousaria dizer que se trata de uma tetrameria (como na alquimia grega), de um processo de transformação dividido em quatro fases de três[70], análogas às doze transformações do zodíaco e à sua divisão em quatro. O número 12 teria então, como não é raro ocorrer, além de um significado individual (neste caso, o número de nascimento da paciente), um significado condicionado pelo tempo, na medida em que o éon presente de Peixes se aproxima de seu fim crítico, representando ao mesmo tempo a décima segunda casa do zodíaco. Pense-se aqui em ideias gnósticas similares como, por exemplo, as da gnose de Justino: o "Pai" (Eloim) concebe com Éden, que era metade mulher, metade serpente, doze anjos paternos, e ela dá à luz, além destes, a doze anjos maternos, os quais – em linguagem psicológica – representam as sombras dos doze anjos paternos. Os anjos maternos dividem-se em quatro categorias (μέρη), cada uma delas com três anjos, os quais correspondem aos quatro rios do paraíso. Os anjos movem-se em círculos, dançando (ἐν χόρῳ κυκλικῷ)[71]. Tais coisas aparentemente remotas podem ser relacionadas hipoteticamente umas com as outras, uma vez que surgem de uma raiz comum, isto é, do inconsciente coletivo.

Na pintura em questão, Mercúrio forma uma faixa que circunda o mundo, faixa que usualmente é representada pela serpente[72]. Mercúrio é uma *serpens* ou *draco* na 553

70. *Psicologia e alquimia*, cf. "quadripartição" [índice].

71. HIPÓLITO. *Elenchos*, V, 26, 1s., p. 126.

72. Cf. διήγησις... περὶ ποικίλης καὶ πολυμόρφου σφαίρας [Relato... de uma esfera multicolorida e multiforme] no *Codex Vaticanus* 190 (mencionado por CUMONT. *Textes et monuments figurés relatif aux mystères de Mithra* I, p. 35) onde se lê: ἔπλασεν ὁ πάνσοφος θεὸς δράκοντα πάνυ μέγαν κατὰ μῆκος καὶ πλάτος καὶ βάθος, ζοφοειδῆ ἔχοντα κεφαλὴν, τὸν λεγόμενον ἀναβιβάζοντα, εἰς ἀνατολὴν καὶ τὴν οὐρὰν αὐτοῦ, τὸν λεγόμενον καταβιβάζοντα, εἰς δύσιν. O texto continua referindo-se ao dragão: Τότε ὁ

alquimia (*serpens mercurialis*). É curioso que este símbolo se encontra a uma certa distância da esfera e aponta para ela, como se a ameaçasse. A esfera, como se sabe, é mantida em flutuação por forças iguais, mas opostas. Essas são representadas por mercúrio, ou então ligadas a ele. De acordo com uma concepção antiga, o mercúrio é *duplex*, isto é, ele é uma antítese em si mesmo[73]. Mercúrio ou Hermes é um mago e um deus dos magos. Como Hermes Trismegisto, ele é o patriarca da alquimia. Sua vara mágica, o caduceu, é envolvida por duas serpentes. O mesmo atributo caracteriza também Asclépio, o deus dos médicos[74]. O arquétipo de tais ideias fora projetado em mim por minha cliente, ainda antes de iniciarmos sua análise.

554 A imagem primordial subjacente à esfera cingida por mercúrio deve ser a do ovo órfico do mundo, circundado por uma serpente[75]. No caso em questão o símbolo da ser-

---

πάνσοφος δημιουργός ἄκρω νεύματι ἐκινησε τὸν μέγαν δράκοντα σὺν τῳ κεκοσμημένῳ στεφάνῳ, λέγω δὴ τὰ ιβζῴδι α βαστά ζοντα ἐπὶ τοῦ νώτου αὐτοῦ (O Deus infinitamente sábio formou um dragão de proporções gigantescas, isto é, de comprimento, largura e profundidade enormes, cuja cabeça é de cor escura, o chamado ascendente [scl. da Lua], voltado para o nascer do Sol e a cauda, o descendente, voltado para o pôr do sol... Naquele tempo o Demiurgo, infinitamente sábio, por seu supremo comando, pôs em movimento o grande dragão, juntamente com a grinalda ornamentada, isto é, os doze signos do zodíaco que trazia em suas costas). Eisler (*Weltenmantel und Himmelzelt*, p. 389) relaciona essa serpente zodiacal eom o Leviatã. Para o dragão como símbolo do ano, cf. *Mythographus Vaticanus III*, p. 162. Uma associação semelhante é encontrada em HORUS APOLLO. *Selecta hieroglyphica*, 2, p. 9: "*Insuper ut serpens quotannis pelle ac senio simul exuitur: sic et annuum spatium, quod mundi circumactu producitur, immutatione facta renovatur, ac veluti reiuvenescit*" (Além disso, tal como a serpente se liberta anualmente de sua pele e de sua idade ao mesmo tempo, a trajetória anual também se renova e rejuvenesce, por assim dizer, trajetória essa gerada pela rotação do cosmos à medida que se transforma).

73. *O espírito de Mercúrio* [§ 267s.].

74. MEIER. *Antike Inkubation und moderne Psychotherapie.*

75. Vishnu é designado por damodara, "aquele que está amarrado com uma corda que lhe envolve o corpo". Não tenho certeza de que tal símbolo entre neste contexto; menciono-o apenas para ser completo.

pente de Mercúrio é substituído por uma espécie de ideia pseudofísica, ou seja, por um campo de moléculas vibrantes de mercúrio. Isso parece um disfarce intelectual da situação real de que o si-mesmo ou seu símbolo está envolvido pela *serpens mercurialis*. Conforme a paciente observa, mais ou menos corretamente, a "verdadeira personalidade" é, pois, velada. Essa última seria provavelmente Eva envolvida pela serpente do paraíso. A fim de evitar este aspecto, o mercúrio cindiu-se em suas duas formas diferentes, segundo um modelo há muito tempo comprovado: *mercurius crudus* ou *vulgi* (o mercúrio bruto ou comum) e o *Mercurius philosophorum* (o *spiritus mercurialis*) ou espírito de Mercúrio, ou Hermes-*nous*, o qual por ora ainda flutua inativo no céu como a serpente-raio dourado, ou serpente-*nous*. Na vibração da faixa de mercúrio presumimos um certo alvoroço, do mesmo modo que a suspensão expressa uma expectativa tensa: "suspenso e temeroso na dor que flutua"[76]! O mercúrio significa para o alquimista a manifestação concreta, material do *spiritus Mercurii*, como mostra o mandala acima mencionado nas *Scholias* do *Tractatus aureus*: o ponto central é Mercúrio, e o quadrado em volta representa o mercúrio dividido nos quatro "elementos". Ele é a *anima mundi* que está simultaneamente no mais íntimo, mas também envolve o mundo, tal como o Atmã na representação dos *Upanixades*. Tal como o mercúrio é uma materialização de Mercúrio, o ouro também representa a materialização do Sol na Terra[77].

Espantosa a circunstância de que a alquimia em todos 555
os tempos e lugares relacionou a ideia de sua *lapis* ou *minera*

76. GOETHE. *Egmont*, 3. Ato. Original: "*Langen und Bangen*" e não "*Hangen und Bangen*" como está no texto.

77. MAIER. *De circulo physico quadrato*, caput I, p. 11s.

(mineral) com o *homo altus* ou *maximus*, isto é, com o *anthropos*[78]. Do mesmo modo é espantoso que a representação da pedra redonda escura, expelida pela explosão, seja a de uma ideia tão abstrata como a da totalidade psíquica do ser humano. A terra e principalmente a pedra pesada e fria é a mais alta representação de materialidade, tal como o mercúrio metálico significa o *animus* (= *mens*, *nous*) na opinião da paciente. Esperar-se-ia no tocante à ideia do si-mesmo e do *animus* símbolos mais pneumáticos, portanto imagens do sopro, do ar e do vento. A antiga fórmula λίθος οὐ λίθος (*lapis non lapis*, pedra não pedra) expressa esse dilema: trata-se de uma *complexio oppositorum* semelhante à natureza da luz, a qual se comporta ora como partícula, ora como pura onda, sendo, portanto, obviamente, em sua essência ambas ao mesmo tempo. Algo desse tipo deve ser conjecturado no que diz respeito a essas afirmações paradoxais, dificilmente explicáveis do inconsciente. Não se trata de invenções de uma consciência, mas sim de manifestações espontâneas de uma psique não controlada pela consciência que possui toda a liberdade de expressar pontos de vista que não levam em conta de modo algum as intenções da consciência. A duplicidade do mercúrio, sua natureza metálica por um lado e pneumática por outro, é um paralelo da simbolização da ideia extremamente espiritual do *anthropos* por um ser corpóreo e até metálico (*aurum*!). De tais manifestações podemos concluir somente que o inconsciente tem a tendência de considerar espírito e matéria não só como equivalentes, mas como idênticos; isto é, em flagrante oposição às unilateralidades intelectuais da consciência, a qual ora quer espiritualizar a matéria, ora materializar o espírito. O fato

78. Na alquimia medieval é o Cristo. Cf. *Psicologia e alquimia*, III, cap. 5.

de a *lapis*, isto é, no caso em questão, a esfera flutuante possuir um duplo significado é devido à circunstância de ela ser caracterizada por duas cores simbólicas: a vermelha, significando sangue e afetividade, ou seja, a reação fisiológica que liga espírito e corpo, e a azul significando o processo espiritual (*mens* ou νοῦς). Essa dualidade lembra a dualidade alquímica de *corpus et spiritus* unidos por um terceiro termo, a anima como *ligamentum corporis et spiritus*. Para Böhme, um "azul muito intenso" misturado com verde representa a "liberdade", ou seja, o Reino de Deus interior da alma renascida. O vermelho leva à região do fogo e ao "abismo" que forma a periferia do mandala de Böhme.

QUADRO 4

A pintura que se segue mostra uma mudança significativa: a esfera separou-se em casca e núcleo. A casca tomou uma coloração de carne. O núcleo, originalmente algo nebuloso na segunda pintura, tem agora um caráter interiormente diferenciado, decididamente ternário. As "linhas de força" que antes pertenciam à faixa de mercúrio atravessam agora todo o corpo do núcleo; isso indica que a explicação já não é mais exclusivamente externa, mas alcançou o mais íntimo. "Uma enorme atividade interior começou com isso" afirma a analisanda. A formação ternária do núcleo é na aparência um dragão feminino, estilizado a modo de um vegetal, no ato da fecundação: o espermatozoide penetra a membrana do núcleo. Seu papel é desempenhado pela *serpens mercurialis*: a serpente é negra, ctônica, um Hermes καταχθόνιος e ἰθυφαλλικός (subterrâneo e itifálico); ela tem, no entanto, as águas douradas de Mercúrio, possuindo, portanto, sua natureza 556 pneumática. De acordo com isso, os alquimistas representaram seu Mercúrio dúplex como *serpens alatus* (serpente alada) e *sine alis* (sem asa), sendo que consideravam a primeira serpente feminina e a segunda masculina.

557 A serpente do quadro em questão representa – para ser mais exato – menos o espermatozoide do que o falo. Leão Hebreu[79] denomina em seus *Dialoghi d'amore* o Planeta Mercúrio como o membro viril do céu, isto é, do macrocosmo concebido como "homem máximo"[80]. O espermatozoide parece corresponder à substância dourada, que é injetada pela serpente no ectoderma envaginado do núcleo[81]. As duas pétalas (?) prateadas representam provavelmente o vaso receptivo, a taça da Lua na qual o germe do Sol (ouro) está destinado a repousar[82]. Sob a flor há um círculo violeta, de certo modo dentro do ovário, anunciando por sua cor ser uma "dupla natureza unificada", corpo-espírito (vermelho e azul)[83]. A serpente tem um halo amarelo-claro, o que deve expressar sua natureza numinosa.

---

79. A obra do médico e filósofo Leão Hebreu (nascido por volta de 1460, e falecido após 1520) foi muito popular no século XVI e exerceu grande influência sobre os seus contemporâneos, bem como sobre os que lhe sucederam. Trata-se de uma continuação da linha neoplatônica, desenvolvida pelo médico e alquimista Marsílio Ficino (1433-1499) em seu comentário ao *Symposium* de Platão. O verdadeiro nome de LEÃO HEBREU é Dom JUDAH ABRABANEL de Lisboa. (Nos textos consta ora Abrabanel, ora Abarbanel.)

80. Utilizo a tradução inglesa dos *Dialoghi*, editados sob o título *The Philosophy of Love by Leone Ebreo* por Friedeberg-Seeley e Jean H. Barnes em 1937. A indicação acima encontra-se às páginas 92 e 94. A fonte dessa concepção deve ser procurada na interpretação cabalística do Jesod (*Kabbala denudata*, s.h.v.).

81. Este modo de expressão pseudobiológica corresponde à formação da analisanda em Ciências Naturais.

82. Esta ideia também é alquímica: *synodos Lunae cum Sole*, isto é, o *hierosgamos da coniunctio*. Para mais detalhes cf. *A psicologia da transferência*.

83. Mais pormenores em *Der Geist der Psychologie* [§ 498].

Uma vez que a serpente surgiu do raio, ou seja, representa sua forma transmutada, mencionarei um caso paralelo, em que o raio tem a mesma função iluminadora, vivificante, fecundante, transformadora, isto é, curativa; no nosso caso tal função cabe à serpente. Na figura 3, aqui acrescentada, são representadas duas fases: primeiro, uma esfera negra, significando o estado da mais profunda depressão; e segundo, o raio que penetra nessa esfera. A linguagem utiliza a mesma imagem: algo "penetrou" ou "acendeu". A diferença só reside no fato de que em geral a imagem precede, no paciente, a visão de que algo "penetrou com violência". 558

Em relação ao contexto da quarta pintura, a senhora X ressaltou que a faixa de mercúrio (quadro 3) foi o que mais a perturbou a princípio. Ela sentia que a substância prateada deveria estar "dentro", o que faria com que as linhas pretas de força ficassem para trás e formassem uma serpente negra. Essa cingiria a esfera[84]. Parecia-lhe de início que a serpente negra era um "perigo terrível", algo que ameaçava a "integridade da esfera". No lugar em que a serpente penetra a membrana do núcleo, acende-se um fogo (= emoção). Sua consciência (*mind*) interpretava essa chama ardente como uma reação defensiva da esfera e, assim sendo, ela tentou representar o ataque como algo repelido. Essa tentativa, porém, não agradou a seu "olho"; apesar disso, ela me trouxe um esboço a lápis dessa situação. Encontrava-se obviamente num dilema: não podia aceitar a serpente, cujo significado sexual lhe era claro, sem que eu interferisse nessa opinião. Apenas observei o seguinte: "Trata-se de um processo 559

84. Pense-se aqui no oceano que circunda a terra e na serpente do mundo que nele se esconde, ou seja, o Leviatã, o "*draco in mari*", inspirado na tradição egípcia do Tifão e do mar que lhe pertence, o diabo. "*Diabolus maria undique circumdat et undique pontum*" ("O diabo circunda os mares por toda parte e o oceano de todos os lados") (JERÔNIMO. *Epistola*, 2,4; e também RAHNER. *Antena crucis*, II, "O mar do mundo", p. 112).

conhecido[85] que a senhora pode aceitar tranquilamente", e mostrei-lhe uma imagem semelhante de minha coleção, feita por um homem, de uma esfera flutuante na qual penetra, *vindo de baixo*, uma forma fálica negra. Mais tarde, ela disse a respeito disso: "De repente compreendi todo o processo de um modo mais impessoal". Era o reconhecimento de uma lei da vida à qual a sexualidade está subordinada. "O 'eu' não era o centro, mas submetida a uma lei universal eu circulava em torno de um Sol". A partir disso ela pôde aceitar a serpente "como uma parte necessária de um processo de crescimento" e completar o desenho rápida e satisfatoriamente; uma coisa apenas continuava a perturbá-la: ela precisou colocar a serpente, tal como dizia, "cem por cento no alto e na linha mediana a fim de satisfazer o 'olho'." É óbvio que o inconsciente só se satisfez com a posição mais importante, no alto e no meio – em contraste flagrante com o quadro do meu paciente que eu havia mostrado previamente à senhora X. Este último, como já dissemos, fora feito por um homem e mostrava o símbolo negro ameaçador, penetrando no mandala pelo lado de baixo. O perigo típico que na mulher vem do inconsciente, *de cima*, isto é, da esfera "espiritual" personificada pelo *animus*, no caso do homem provém do domínio ctônico da "mulher-mundo", isto é, da *anima* projetada no mundo.

560 Devemos referir-nos aqui novamente às ideias gnósticas justinianas: o terceiro anjo, o anjo paterno, é Baruch, que também é a árvore da vida no Paraíso. Pelo lado materno, Baruch corresponde a Naas (serpente), que é a árvore do conhecimento (*scientia boni et mali*)[86]. Quando Eloim deixou

85. O mesmo tema encontra-se em dois mandalas, publicados por Esther Harding (*Das Geheimnis der Seele*, p. 434 e 436).

86. Trata-se do *nous* em forma de serpente e da *serpens mercurialis* da alquimia.

I II

Fig. 3. Esboço de acordo com o desenho de uma paciente mais jovem com depressão psicógena, no início do tratamento:

I. Estado de negro desespero.

II. O começo do efeito terapêutico.

Num desenho anterior, a bola estava no fundo do mar. Conforme demonstrado por uma série de desenhos, ela surgiu originalmente do fato de que uma serpente negra havia engolido o Sol. A isso seguiu-se um mandala totalmente preto de oito raios com uma coroa de oito estrelas prateadas. No centro achava-se um *homunculus* negro. Na transformação seguinte a bola preta recebe um centro vermelho do qual partem raios vermelhos ou vasos sanguíneos com oito extremidades em forma de tentáculos. O todo se parece a um caranguejo ou polvo. Como indicam desenhos posteriores, a própria paciente está encerrada na bola.

o Éden por ter passado do segundo terço da tríade divina para o primeiro (a tríade consiste do "Bem", do "Pai" e do Éden), o Éden perseguiu o pneuma do Pai que este havia deixado aos homens, permitindo que o pneuma fosse atormentado por Naas (ἵνα πάσαις κολάσεσι κολάζῃ τὸ πνεῦμα τοῦ ‹Ελωεὶμ τὸ ὂν ἐν τοῖς ἀνθρώποις). Naas desonrou Eva e também fez de Adão um instrumento de prazer. Éden, no entanto, é a alma (ψυχή), e Eloim, o espírito (πνεῦμα). "A alma se opõe ao espírito, e o espírito se volta contra a alma" (κατὰ τῆς ψυχῆς τέτακται)[87]. Essa ideia esclarece a polaridade do vermelho e do azul no mandala em questão e também o ataque da serpente que representa o conhecimento. Por essa razão tememos o conhecimento da verdade e, no caso presente, o da sombra. Por isso Baruch enviou Jesus à humanidade a fim de que os humanos fossem reconduzidos ao "Bem". Mas este "Bem" é denominado Priapo...[88] Eloim é o cisne, Éden é Leda; ele, ouro, ela, Dânae. Não devemos esquecer que além disso a figura da serpente sempre foi atribuída ao deus da revelação, como por exemplo Agathodaimon. Assim também Éden tem uma natureza dupla, enquanto virgem-serpente (δίγνωμος, δίσωμος) e sua figura torna-se símbolo do Mercúrio andrógino, na alquimia medieval[89].

561 Lembremo-nos que no quadro 3 o *mercurius vulgi*, ou seja, o mercúrio comum, cinge a esfera: isso significa que a misteriosa esfera é envolvida e oculta por um entendimento cru, "vulgar". A própria paciente considera que o "*animus* encobre a verdadeira personalidade". Provavelmente não nos enganamos ao supor que uma concepção banal e biológica se apodera do símbolo sexual, concretizando-o segundo um padrão bem conhecido. Um erro perdoável! Uma outra concepção mais correta é tão superior em sutileza que se prefere voltar a algo já conhecido e palpável para a satis-

87. HIPÓLITO. *Elenchos*, V, 26, 21 e 25, p. 129s. Essa história do Adão, Eva e da serpente conservou-se Idade Média adentro.

88. Aparentemente baseado em um jogo de palavras Πρίαπος e ἐπριοποίησε τὰ πάντα (tudo criou). (*Elenchos*, V, 26, 33, p. 132.)

89. Cf. a imagem [da Melusina] na *Pandora* (1588) em Paracelso, um fenômeno espiritual (*Paracelsica*, p. 99 [e *Obra Completa* 8]).

fação "racional" que prefere o aplauso de nossos contemporâneos, descobrindo enfim que ficamos irremediavelmente atolados; enfim voltamos ao mesmo lugar, de onde tínhamos partido para a grande aventura. Torna-se claro então o que significa a serpente itifálica: de cima vem tudo o que é aéreo, intelectual, espiritual e, de baixo, tudo o que é paixão, corporalidade e escuridão. A serpente, ao contrário do que esperávamos, revela-se como símbolo pneumático[90], como um *Mercurius spiritualis*, portanto, uma intuição, que a paciente formulou do seguinte modo: o eu, com sua manipulação arbitrária da sexualidade, está sujeito a uma lei universal. A sexualidade não representa problema algum no caso em questão, pois está submetida a um processo de transformação, e está nele contida; não está reprimida de forma alguma, apenas não apresenta interesse.

A senhora X sentiu a quarta pintura (posteriormente 562
me disse) como a mais difícil, representando o ponto crítico de mutação de todo o processo. Na minha opinião ela estava certa, pois pôs de lado impiedosamente o eu tão amado e importante; e isso não foi pouca coisa. O "abandonar-se" (*Sich-Lassen*) não é de forma alguma *a conditio sine qua non* de todas as formas de desenvolvimento anímico superior, quer seja chamada meditação, contemplação, ioga ou *exercitium spirituali*. Tal como o presente caso mostra, o abandono do eu não é um ato voluntário e não representa, portanto, nenhum resultado arbitrariamente criado, mas é um acontecer espontâneo cuja lógica interior compulsiva só pode ser camuflada por um autoengano.

---

90. Concordando com a concepção bem antiga de que a serpente é "o animal mais espiritual" (πνευματικώτατον ζῷον), razão pela qual também era o símbolo do *nous* e do Salvador.

563 Neste caso e neste preciso momento o poder abandonar-se tem um significado decisivo. Mas como tudo passa, poderá ocorrer um outro momento em que o eu abandonado deverá ser recolocado em suas funções. O abandonar-se dá ao inconsciente uma oportunidade tão grande quanto necessária. Uma vez que ele é constituído de opostos, dia-noite, claro-escuro, positivo-negativo e até mesmo bom-mau, é, portanto, ambivalente, pelo fato de repetir-se inevitavelmente o momento em que o homem, a exemplo de Jó, precisará manter-se firme e fielmente nos trilhos, a fim de não descarrilhar catastroficamente; e isso ocorre justamente quando a onda da maré retorna. O segurar-se, porém, só pode realizar-se por uma vontade consciente, isto é, pelo eu. Este é o grande e insubstituível significado do eu que, no entanto, como aparece claramente no caso em questão, é relativo. Relativa também é a conquista superior da integração do inconsciente. Acrescentamos a nós mesmos algo de luminoso e algo de obscuro, e mais luz significa mais noite[91]. O impulso da consciência em direção a amplos horizontes não pode ser contido. Estes devem ampliar o alcance da personalidade se não a desintegrarem.

QUADRO 5

564 A pintura – disse a senhora X – veio naturalmente em sequência à pintura quatro. A esfera e a serpente separaram-se. A serpente dirige-se para baixo e parece ter perdido seu caráter ameaçador. A esfera, porém, parece fecundada: não só aumentou de tamanho, como floresce em cores vivas[92].

91. Cf. o que diz João da Cruz acerca da "noite escura". Sua interpretação é não só significativa como psicológica.

92. Daí a comparação alquímica do mandala com o "*rosarium*" (jardim das rosas).

Em seu núcleo há uma divisão quadripartida, isto é, ocorreu uma segmentação. Não se trata de algo ligado à reflexão consciente, como seria natural num estudioso de biologia, pois a divisão em quatro do processo ou do símbolo central sempre existiu, a começar pelos quatro filhos de Hórus ou pelos quatro serafins de Ezequiel, ou ainda pelo nascimento dos quatro éons da Metra (*uterus*) fecundada pelo pneuma na gnose-Barbelo, ou então pela cruz formada pelo raio (= serpente) em Böhme[93], até a tetrameria da *opus alchymicum* em seus componentes (elementos, qualidades, graus etc.)[94]. A quaternidade sempre constitui uma unidade; neste caso trata-se de um círculo verde no meio dos quatro. Os quatro são indiferenciados e cada um forma um vórtice aparentemente sinistrogiro (voltado para a esquerda). Acho provável que a direção rumo à esquerda indica em geral um movimento rumo ao inconsciente e para a direita (o do ponteiro do relógio) indica a direção para a consciência[95]. O primeiro é *sinister* e o segundo é "direito", "correto" e "justo". No Tibete a suástica sinistrogira

93. No budismo os "grandes reis", os locapala (os guardiães do mundo) constituem a quaternidade. Cf. *Samyutta-Nikaya*, I, p. 367.

94. "...*mystica quasi distillatone, Deus aquam hanc primordialem in quatuor partes ae regiones separavit et distinxit*" [Como numa destilação, Deus separou e dividiu essa água primordial em quatro partes e domínios] (SENDIVOGIUS. *Epistola*, XIII *in*: *Bibli. chem. curiosa* II, p. 496). Em Christianos (BERTHELOT. *Alch. Grecs*, VI, IX, 1, p. 393, e X, 1, p.394) "ovo", bem como a própria matéria, é constituído por quatro componentes. (O mesmo como citação de XENÓCRATES. *Op. cit.*, VI, XV, 8, p. 414.)

95. Na filosofia taoista, o movimento destrogiro significa processo "descendente", isto é, o espírito está sob a influência da alma-*po* feminina, a qual incorpora o yin e é de natureza passional. Designá-la por *anima* (WILHELM & JUNG. *O segredo da flor de ouro*) é correto do nosso ponto de vista psicológico, apesar de abranger apenas um único aspecto. A *po* enreda *hun*, o espírito, no acontecer do mundo e na reprodução. O movimento sinistrogiro ou retrogiro, ao invés, significa o "movimento ascendente" da vida (*op. cit.*, p. 106). Ocorre uma "libertação das coisas exteriores" e assim o espírito conquista o domínio sobre a anima. Esta concepção coincide com as minhas averiguações neste sentido, mas não leva em conta o fato de que uma pessoa tem facilmente o espírito fora, e a *anima* o tem dentro!

é um sinal da religião Bön, isto é, da magia negra. Por isso as *stupas* e os *chörtens* devem ser sempre circum-ambulados no sentido do ponteiro do relógio. Os vórtices sinistrogiros espiralam dentro do inconsciente e os dextrogiros libertam-se do caos inconsciente. A suástica dextrogira no Tibete significa, portanto, o budismo[96] (cf. tb. a fig. 4).

Fig. 4. Relevo neolítico de Malta. As espirais significam gavinhas de videira.

565 Para a paciente o processo parecia significar em primeiro lugar uma diferenciação da consciência. A partir do tesouro de seu conhecimento psicológico ela interpretou os quatro como as quatro formas de orientação da consciência: pensamento, sentimento, sensação e intuição ("pressentir"). Ela notou, no entanto, que os quatro eram iguais, ao passo

96. Comunicação verbal do Rimpoche de Bhutya Busty (Sikkim).

que as funções são desiguais. Isso não representou nenhum problema para ela, o que não aconteceu comigo. O que são esses quatro que não correspondem aos quatro aspectos funcionais da consciência? Duvido que essa interpretação dos quatro seja suficiente. Eles parecem ser bem mais do que isso, e esta deve ser a razão pela qual não são diferentes, mas idênticos: não retratam de início quatro funções diversas *per definitionem*. Podem, no entanto, representar a possibilidade apriorística do surgimento das quatro funções. No quadro em questão aparece a quaternidade, o número 4 arquetípico, sujeito a numerosas interpretações, conforme mostra a história e eu mesmo demonstrei em outro texto. Ela representa a conscientização de um conteúdo inconsciente e daí sua frequente ocorrência em mitos cosmogônicos. Não quero especular acerca do significado preciso de os quatro vórtices girarem para a esquerda, uma vez que a divisão em quatro do mandala denota um processo de conscientização. Não dispomos de material suficiente para empreender essa tarefa. A cor azul indica ar = pneuma, e o movimento sinistrogiro, uma intensificação da influência inconsciente. Possivelmente isso deve ser entendido como uma compensação pneumática em relação à cor vermelha muito acentuada, a qual significa afetividade.

O próprio mandala é de cor viva, vermelho brilhante; 566
os quatro vórtices, porém, são de uma cor azul-esverdeada basicamente fria que a paciente associa com "água". Isso poderia estar ligado ao movimento sinistrogiro, na medida em que a água é um dos símbolos favoritos do inconsciente[97].

97. Bem como de uma certa materialidade do espírito, principalmente quando se tornou uma doutrina "fixa". Lembremo-nos aqui da cor azul-esverdeada em Böhme, que significa "liberdade".

O verde no centro tem o significado de vida, num sentido ctônico. Trata-se da *Benedicta viriditas* dos alquimistas.

567 O problemático neste quadro é o fato de a serpente negra encontrar-se fora da totalidade do símbolo do círculo. Na realidade, a serpente deveria estar incluída, para que a totalidade fosse realmente estabelecida. Se nos lembrarmos, porém, do significado desfavorável já mencionado da serpente, torna-se compreensível que sua inclusão na totalidade psíquica acarrete certas dificuldades. Se a nossa conjectura sobre o movimento sinistrogiro for correta, seria revelada uma certa tendência à profundidade e ao aspecto sombrio do espírito[98], com os quais a serpente negra poderia ser assimilada. Ela representa, tal como o diabo na teologia cristã, a sombra que neste caso ultrapassaria muito a sombra pessoal, podendo ser comparada por isso com um princípio como o do mal[99]. Trata-se da sombra colossal projetada pelo homem, a qual o nosso tempo teve que experimentar de um modo chocante. Incluir essa sombra em nosso cosmos não é simples. Voltar as costas para o mal sem mais, a fim de poder assim evitá-lo, pertence ao vasto arsenal de ingenuidades antiquadas. Trata-se de uma política de avestruz, que não afeta de maneira nenhuma a realidade do mal. O mal é o oposto necessário do bem; sem ele não existiria o bem. Nem mesmo podemos prescindir do primeiro. O estar fora da serpente negra exprime a posição crítica do mal em nossa visão tradicional do mundo[100].

568 O fundo dessa pintura é claro e tem uma tonalidade de pergaminho. Menciono especialmente essa circunstância

98. Acerca da dupla natureza do espírito (*Mercurius duplex* dos alquimistas). Cf. "A fenomenologia do espírito no conto de fadas" [em OC 9/1].

99. Cf. a serpente ígnea de Lúcifer em Böhme.

100. Cf. JUNG. Tentativa de uma interpretação psicológica do dogma da Trindade [§ 243s.].

porque as pinturas que se seguem mostram uma alteração característica sob este aspecto.

QUADRO 6

O fundo dessa pintura é de um cinza sombrio. O próprio mandala, porém, é de um vermelho-claro luminoso, verde e azul. Apenas no lugar em que o vermelho-claro do invólucro penetra no núcleo azul e verde, o vermelho torna-se escuro como o sangue e o azul-claro torna-se um azul-marinho. As asas de Mercúrio, ausentes na pintura anterior, reaparecem aqui insinuadas no pescoço das protuberâncias arredondadas (como anteriormente no pescoço da serpente negra, na pintura 4). O que mais chama a atenção é o aparecimento de uma suástica indubitavelmente dextrogira, sendo necessário observar que as pinturas datam de 1928, não tendo, portanto, nenhuma conexão com fantasias da época, ainda desconhecidas naquele momento do mundo. A suástica sugere graças à sua cor verde algo de vegetal, mas ao mesmo tempo tem um feitio de onda dos quatro vórtices da pintura anterior. 569

Neste mandala é feita a tentativa de uma unificação dos opostos de vermelho e azul e de fora e dentro. Ao mesmo tempo, o movimento para a direita deve produzir uma ascensão à claridade da consciência, provavelmente porque o fundo escureceu de modo evidente. A serpente negra desapareceu, mas começa a partilhar sua escuridão com o fundo. Em compensação surge no mandala um movimento de certo modo para cima e para o claro, aparentemente numa tentativa de salvar a consciência do escurecimento do mundo em torno. A pintura associa-se a um sonho que ocorrera poucos dias antes. A senhora X sonhou *que estava voltando das férias do campo para a cidade. Com espanto viu* 570 *que uma árvore crescia no meio do seu estúdio. Ela pensou: "Vejam só essa árvore, com a sua casca espessa, pode aguentar o calor do apartamento da cidade"*. As ideias referentes à árvore levavam a seu significado materno. A árvore explica o tema vegetal do mandala e o seu crescimento súbito representa a elevação de nível, ou a libertação da consciência induzida pelo movimento dextrogiro. Pelo mesmo motivo a árvore "filosófica" é um símbolo da *opus*, alquímica que, como sabemos, também representa um processo de individuação.

571 Na gnose de Justino encontramos ideias semelhantes: o anjo Baruch representa o pneuma de Eloim e o anjo materno Naas, a astúcia do Éden escuro. Ambos, porém, conforme já dissemos, são também árvores: Baruch, a da Vida e Naas, a do Conhecimento. A separação e a polaridade de ambos correspondem ao espírito da época (século II e III d.C.). Tratava-se então de um processo de individuação, como podemos ver em Hipólito[101]. Eloim, como se lê neste último, teria incumbido o "profeta" Héracles de libertar o "Pai" (o pneuma) do poder dos doze anjos maus. Estes seriam seus doze trabalhos. O mito de Héracles tem de fato as características de um processo de individuação, ou seja, as expedições aos quatro pontos cardeais[102], os quatro filhos, a submissão ao feminino (Ônfale), que simboliza o inconsciente, o autossacrifício e renascimento causado pela vestimenta de Dejanira.

572 A "casca espessa" da árvore sugere um motivo de proteção, que aparece no mandala como "formação de cascas" (cf. adiante!). Essa última se expressa pelo tema das

---

101. *Elenchos* V, 26, 27s.

102. A respeito da peregrinação cf. *Psicologia e alquimia* [§ 457].

asas protetoras e negras do pássaro, as quais formam um escudo protetor para o conteúdo do mandala. Os prolongamentos em forma de protuberâncias arredondadas da substância vermelha periférica são símbolos fálicos que descrevem a penetração da afetividade no espaço pneumático interior. Ela deve produzir obviamente uma vivificação e um enriquecimento do espírito que preenche o interior. Este "espírito" nada tem a ver com intelecto, mas sim com algo que deveríamos chamar de substância espiritual (pneuma) ou – para usar uma expressão mais moderna – de "existência espiritual". O pensamento simbólico subjacente deve ser o mesmo que o desenvolvido nas homilias de Clemente Romano de que πνεῦμα e σῶμα (espírito e corpo) são um só em Deus[103]. Apesar de o mandala ser apenas um símbolo do si-mesmo como totalidade psíquica, é ao mesmo tempo uma imagem de Deus, uma *imago dei*, porquanto, o ponto central, o círculo e a quaternidade são símbolos há muito conhecidos de Deus. Da indiferenciação empírica do "si-mesmo" e "Deus" resulta na teosofia indiana a identidade do Purusha-Atmã pessoal e suprapessoal. Na literatura eclesiástica e alquímica cita-se frequentemente a seguinte frase: "*Deus est sphaera infinita* (ou *circulus) cuius centrum est ubique, circumferentia (vero) nusquam*". (Deus é uma esfera infinita [ou círculo], cujo ponto central [está] em toda parte, [sua] periferia [porém] em parte alguma[104].) Essa ideia já se encontra em Parmênides de um modo completo. Quero citar seus versos, pois aludem aos mesmos temas que estão à base do nosso man-

103. Realencyklopädie für protestantische Theologie und Kirche IV, 173, 60.

104. Baumgartner (*Die Philosophie des Alanus de Insulis*, p. 118) remete esta frase a um *liber Hermetis* ou *liber Trismegisti*, Cod. Par. 6319 e Cod. Vatic. 3060.

dala: "Pois as coroas mais estreitas[105] foram preenchidas com fogo não misturado e as que a essas se seguem, com noite[106] mas entre elas derrama-se uma parte do fogo. No centro delas está a deusa[107], que tudo conduz. Pois ela incita por toda parte nascimento e coito dolorosos, ao enviar a mulher ao homem e, inversamente, o homem à mulher, para o coito"[108].

573 O jesuíta erudito Nicolaus Caussinus[109] observa o seguinte a respeito: partindo do que nos transmite Clemente de Alexandria, em certas ocasiões dentro dos templos egípcios havia rodas que giravam; ele comenta que Demócrito (de Abdera) chamava Deus o νοῦν ἐ πυρί σφαιροειδεῖ[110] (*mentem in igne orbiculari* = espírito no fogo em forma de círculo): "A opinião de Parmênides coincide com essa visão, pois definia Deus como στεφαα̣νην, *coronam* (coroa),

---

105. Στεφάναι = *coronae*, ou seja, cascas de esferas.

106. Νυκτός = noite.

107. Δαίμων ἣ πάντα κυβέρναι, como demônio feminino.

108. De acordo com a tradução de DIELS. *Die Fragmenteder Vorsokratiker* I, p.161s.

109. [*Ad Clementis Alexandrini hieroglyphica observationes. In*: *De symbolica Aegyptiorum sapientia* etc. p. 128s.] *Stromateis*, lib. V, C. VIII, § 45,4s.: "O gramático Dionysios Thrax, no entanto, também diz no escrito "*Über die Bedeutung des Sinnbildes der Rädchen*" (o significado do símbolo das rodinhas) literalmente: "muitos designaram as ações não só por palavras, mas também por símbolos... como, por exemplo, a roda rolante que é puxada pelos egípcios nos bosques dos deuses, e os ramos que eram ofertados aos adoradores". O Orfeu trácio diz:

> As obras dos mortais são ramos sobre a terra,
> não há um destino apenas na mente, ele se move em círculo.
> Tudo à volta não se detém num só ponto,
> mas tem o percurso com o qual começou.

(Baseado na tradução de OVERBECK, 1936.)

110. Cf. DIELS. *Vorsokratiker* II, p. 29, 38: Νοῦν τὸν θεὸν ἐν πυρὶ σραιροειδεῖ (AËT, ?, 7, 16).

como um círculo que se conectava através do *lume incandescente*[111]. Jâmblico em seu livro sobre os Mistérios constatou claramente que os egípcios representavam Deus, o Senhor do Mundo, sentado sobre o lótus, uma planta aquática cujos frutos e folhas são redondos[112]; com isso estaria indicado o movimento circular do entendimento (*mentis*) que em toda parte retorna a si (mesmo)". Essa é a origem das transformações e circuitos rituais (*circuitiones*), os quais representavam uma imitação do movimento do céu. O céu, porém, era chamado pelos estoicos de "Deus redondo e circulante" (*rotundum et volubilem Deum*). A interpretação "mística" (*mystice* = simbólica) do Sl 11,9 deve referir-se a isto: "*in circuito impii ambulant*" (os ímpios caminham em círculo[113]); os ímpios caminhavam sempre apenas na periferia sem jamais atingirem o centro, que seria Deus[114]. Quero mencionar só de passagem o tema da roda no simbolismo do mandala. Em outro lugar tratei do assunto mais pormenorizadamente[115].

111. Esta passagem refere-se a CÍCERO. *De natura deorum*, 1, 12, 28: "(*Parmenides*) *coronae similar efficit (stejavnhn appelat) continente ardore lucis orbem, qui cingit caelum, quem appelat deum; in quo neque figuram divinam neque sensum quisquam suspicari potest*". ["(Parmênides) inventa algo semelhante a uma coroa (denomina-o stephane), num círculo incessante de luz ardente, que cinge o céu, por ele chamado Deus; em que não se pode pressentir nenhuma figura divina, nem qualquer outra sensação."] Com esta observação irônica, Cícero mostra ser ele pertencente a um outro tempo, que já se distanciou muito das imagens primordiais.

112. Há numerosas representações do filho do Sol sentado na flor de lótus (ERMAN. *Die Religion der Ägypter*, p. 62 e *Handbook of the Egyptian Religion*, p. 26). Também se encontra reproduzida em inúmeros camafeus gnósticos. Lótus é o trono habitual dos deuses na Índia.

113. Texto original (Bíblia de Zurique): "Caminham em torno os ateus".

114. CAUSSINUS. *Op. cit.*, p. 129.

115. *Psicologia e alquimia* [§ 214s.].

QUADRO 7

574 Nessa pintura já é de noite, uma vez que a folha inteira onde o mandala foi feito é preta. Toda luz concentra-se na esfera. As cores perderam a luminosidade, mas ganharam em intensidade. O que chama especialmente a atenção é o fato de a cor preta ter penetrado no centro e assim algo que era temido aconteceu: o negrume da serpente, do mundo sombrio à volta, é assimilado no mais íntimo do mandala e ao mesmo tempo compensado – como indica a pintura – por uma luz dourada que irradia do centro. Os raios deste último formam uma cruz de braços iguais, a qual substitui a suástica. Essa é representada apenas por quatro ganchos que indicam uma certa rotação dextrogira. Com a obtenção do negrume absoluto e em especial sua presença no centro o movimento para cima, a rotação dextrogira parece ter chegado ao fim. Em compensação as asas de Mercúrio se diferenciaram significativamente, o que talvez queira dizer que a esfera tem poder suficiente para manter-se flutuante, isto é, para não afundar no obscurecimento total. Os raios dourados ligam os quatro braços que formam a cruz[116]. Surge uma ligação e consolidação interiores como uma defesa contra efeitos dissolventes[117], os quais devem estar conectados com a substância negra que penetrou até o centro. O símbolo da cruz (*crux*) tem sempre para nós a conotação do sofrimento, de modo que não nos devemos enganar, supondo que a atmosfera dessa pintura equivalha a uma suspen-

---

116. Essa interpretação me foi confirmada pelo meu mentor tibetano, Lingdam Gomtchen, abade de Bhutia Busty: A suástica, como disse literalmente, é aquilo que "não pode ser quebrado, nem dividido, nem deteriorado". Significaria, portanto, algo como uma consolidação interna do mandala.

117. Cf. um tema de consolidação semelhante no mandala de *Amitayur-Dhyana Sutra* [JUNG], *Psicologia da meditação oriental* [§ 917 e 930].

são (asas) mais ou menos dolorosa sobre o abismo tenebroso da solidão interior.

Já mencionei a representação de Böhme segundo a qual 575
o raio "faz uma cruz", que se relacionaria com os quatro elementos etc. John Dee simboliza de fato os elementos com a cruz de braços iguais[118]. Esta tem um pequeno círculo dentro de si, que é o sinal do cobre, *cuprum*, de *Kypris* = Afrodite, ao passo que Vênus é designada pelo sinal ♀. De modo notável o antigo sinal do farmacêutico ⊕, o do *spiritus Tartari* (tartarizatus = ácido tartárico), o qual literalmente traduzido significa "espírito do Tártaro". ⊕ também é o sinal da *lapis haematites*, pedra hematita vermelha (óxido de ferro). Portanto, parece que não existe apenas, como no caso de Böhme e em nosso mandala, uma cruz que vem de cima, mas também uma que vem de baixo, isto é – para ficar com o símbolo de Böhme – o raio também pode vir de baixo, do sangue, de Vênus ou do Tártaro. O salitre neutro de Böhme, como já dissemos, é idêntico ao sal e este é designado entre outros pelo sinal ⊕. Dificilmente poderíamos inventar um sinal melhor para a matéria arcana, como o *sal* era considerado na alquimia dos séculos XVI e XVII. O sal é, no uso que tanto a Igreja como a alquimia dele fazem, o símbolo da *sapientia*, por um lado, e por outro, da personalidade marcante ou eleita, Mt 5,13: "*Vos estis sal terrae*" (Vós sois o sal da terra).

A surpreendente quantidade de linhas e camadas on- 576
dulantes em nosso mandala podem ser interpretadas como uma constituição de invólucros, isto é, como defesa contra o exterior. Trata-se de formações protetoras as quais têm o mesmo objetivo da consolidação interior. Os invólucros devem relacionar-se com o sonho da árvore nascida no

118. *Monas hieroglyphica* em *Theatrum chemicum* (1602) II, p. 220. Dee também associa a cruz ao fogo.

estúdio, que possui uma "casca grossa". A constituição de invólucros também ocorre em mandalas de outros casos, significando um endurecimento ou vedação ao exterior, portanto uma verdadeira formação de cascas. Não parece impossível que este fenômeno constitua também a base dos "córtices" (cascas) ou "putamina" (cascas) da Cabala. "Assim se chama aquilo que está fora da santidade", como os sete reis destronados e os quatro *achurajim*[119]. A partir destes aparecem os *klippoth* ou córtices. Como na alquimia, trata-se das *scoriae* (escórias), às quais adere o caráter da multiplicidade, bem como da morte. No mandala em questão os invólucros significam delimitações da unidade interior contra o negrume exterior, com suas forças desintegradoras, as quais são personificadas pela serpente[120]. O mesmo tema é expresso tanto através das folhas de flor de lótus como pelas cascas da cebola. As folhas do invólucro externo secaram, encolheram e enrijeceram, porém protegem assim as camadas internas mais tenras e vivas. É nesse sentido que se

119. As "*septem reges*" referem-se a "*aions*" precedentes, a mundos que "morreram", os quatro *achurajim* são os chamados "*posteriora Dei*": "*omnia ad Malchuth pertinent; Quae ita vocatur, quia est postrema in Systemate Aziluth… in inris Schechinae existere*" [todos pertencem a Malcut; o qual é assim chamada, porque é a última no Sistema da Azilut…, elas existem nas profundezas da Schechina] (*Kabbala denudata* ?, p. 72). O número 4 dos *achurajim* constitui um quatérnio masculino-feminino: "*Patris nempe et Matris supernorum, nec non Iisraelis Senis et Tebhunae*" (*op. cit.*, p. 675). O *senex* é *Aen-Soph* ou *Kether* (*op. cit.*, p. 635), Tebhunah é Binah, *intelligentia* (*op. cit.*, p. 726). As cascas também significam espíritos impuros.

120. Cf. Kabbala denudata I, p. 675s. As "cascas" (*klippoth*) também representam o mal (*O Sohar* 1, 137s., e II, 34b). Segundo uma interpretação cristã do século XVII, Adão Belial é o corpo do Messias, "o corpo total (*totum corpus*) ou o exército das cascas" (Cf. 2Cor 6,15s.). Penetrou no corpo de Adão devido ao pecado original, sendo que as camadas externas foram mais infectadas do que as internas. A *anima Christi* combate e destrói finalmente as cascas, que significam a matéria. O texto remete, no que diz respeito a Adam Belial, a Pr 6,12: "*homo apostata vir inutilis graditur ore perverso*" ["O homem mau, o varão inútil, fala com a boca mentirosa"]. (*Adumbratio Kabbalae christianae*. IX, 2, p. 56.)

deve compreender a postura de lótus do filho de Hórus dos deuses indianos e dos budas; Hölderlin também utiliza essa mesma metáfora:

> Carentes de destino, como o recém-nascido
> que dorme, respiram os Celestes;
> castamente preservados no botão humilde da flor,
> neles floresce eternamente o espírito...[121]

Na imagística cristã, Maria é a flor, na qual Deus se abriga, ou a rosácea na qual o *rex gloriae* e juiz do mundo domina. 577

Encontramos também em Jacob Böhme, implicitamente, a imagem das cascas, na medida em que a camada externa da esfera de seu mandala imaginado tridimensionalmente[122] é designada como "vontade de Lúcifer" o "eterno abismo, abismo das trevas", "inferno dos demônios" etc.[123] Böhme comenta esta passagem em *Aurora*: "Vede como Lúcifer despertava com seu exército o fogo da ira na natureza de Deus, de tal forma que Deus se irava na natureza, no *Loco Lucifers*; assim o nascimento mais externo recebia uma outra qualidade na natureza, inteiramente colérica, áspera, fria, fogosa, amarga e azeda. O espírito flutuante que anteriormente possuía na natureza uma qualidade sutil e branda tornou-se em seu nascimento mais externo tremendamente arrogante e terrível. Agora ele se chama, no nascimento mais externo, vento ou elemento ar"[124]. Desse modo surgem os 578

121. [OC II (*Poemas*: "Canto do destino de Hiperion", p. 160)].

122. Böhme diz acerca da visão de conjunto da "vida do espírito e da natureza": "Poderemos compará-la, então, a uma roda esférica redonda que gira para todos os lados. Tal como mostra a roda em Ezequiel" (*Vom irdischen und himmlischen Mysterium*, 5, p. 326).

123. Cap. 17, 6, p. 222. Refiro-me aqui à reprodução do mandala na antiga edição inglesa de *Viertzig Fragen* de 1647 [XL. *Questions concerning the Soul*, fig. p. 32].

124. Cap. XVII, 6, p. 222.

quatro elementos e a terra em especial, por um processo de contração e ressecamento.

579 Podemos conjecturar aqui influência cabalística, apesar de Böhme não conhecer a "Cabala" mais do que Paracelso. Este a encarava como uma espécie de magia[125]. Os quatro elementos correspondem aqui aos quatro *achurajim*[126]. Trata-se de um tipo de segunda quaternidade, provinda da quaternidade interior, pneumática, mas que é de natureza física. A alquimia também se refere aos *achurajim*. Assim diz Mennens[127]: "E apesar de o nome de Deus apresentar o *tetragrammaton* ou as quatro letras, nele se encontram, se olharmos bem, apenas três letras. A letra *hê* encontra-se duas vezes nele, na medida em que (os dois *hê*) são o mesmo (ou seja) ar e água, o que significa o Filho; a terra significa o Pai, mas o fogo é o Espírito Santo. Assim, as quatro letras do nome de Deus designam manifestamente a sacratíssima Trindade e a matéria, que do mesmo modo existe de forma tríplice (*triplex*)[128]... (e) que também é chamada a sombra

---

125. *Quaestiones theosophicae* 3, 34, p. 12.

126. *Aurora*, XVII, 7, p. 222, menciona os "7 Espíritos", os quais se acendiam "em seu último nascimento". Eles correspondem aos "*septem Reges*" da Cabala. São espíritos de Deus, "Espíritos-Fonte" da natureza eterna e temporal. Correspondem aos sete planetas e constituem a "roda do centro" (*De signatura rerum*, IX, 8s., p. 88). Os sete espíritos são as sete qualidades acima mencionadas descendentes de uma mãe. Trata-se de uma "fonte dupla, isto é, o bem e o mal em todas as coisas" (*Aurora*, II, 2, p. 72). Todo movimento origina-se dessa posição. Cf. a "deusa" de Parmênides e o Éden bipartido da gnose de Justiniano.

127. Gulielmus Mennens (1525-1608), erudito alquimista flamengo que escreveu um livro "*Aurei velleris, sive sacrae philosophiae, naturae et artis admirabilium libri tres*", impresso em *Theatrum chemicum* (1622) V, p. 272s.

128. "*Ut itaque Deus est trinus et unus, sic etiam materia, ex qua cuncta creavit, triplex est et una*" (*op. cit.*, p. 335). Essa é a correspondência alquímica da tríade de funções conscientes e inconscientes da psicologia ["A fenomenologia do espírito no conto de fadas", § 425 e 436s., de OC 9/1].

do mesmo (isto é, Deus), e é denominada por Moisés[129] o lado posterior de Deus (*Dei posteriora*), e o qual (*posteriora*) parece ser criado a partir dela (da matéria)"[130]. Essa afirmação confirma a opinião de Böhme.

Voltando à pintura da paciente: as quatro espirais originárias dissolveram-se completamente no quadrado de ondas (linhas ondulantes!) do interior. Em seu lugar surgem quatro centros dourados, já esboçados na pintura anterior, os quais irradiam as cores do arco-íris. São as cores do olho da pena do pavão, as quais desempenham um papel importante na alquimia, como *cauda pavonis*[131]. O aparecimento dessas cores na *opus* representa um estágio intermediário, que 580

129. Mennens não parece referir-se diretamente à Cabala, mas a um texto atribuído a Moisés, que não consegui localizar. Não há em hipótese alguma relação com o texto grego (*Alch. grecs* IV, XXII) designado por Berthelot "*Chimie de Moïse*". Moisés é mencionado de vez em quando na literatura mais antiga e Lenglet-Dufresnoy (*Histoire de la philosophie hermétique* III, p. 22) cita sob o número 26 um manuscrito da Biblioteca de Viena, intitulado *Moysis prophetae et legislatoris Hebraeorum secretum chimicum* (*ouvrage supposé*).

130. *Op. cit.*, I, 10, p. 334s.

131. A *cauda pavonis* é identificada com Íris, a "*nuncia dei*", segundo Henrique Khunrath. Gerardo Dorneo (*De transmutatione metallorum*. I n: *Theatr. chem.*, 1602, I, p. 599) propõe a seguinte explicação: "*Haec est avis noctu volans absque alis, quam caeli ros primus continuata decoctione, sursum atque deorsum ascensione descensioneque in caput corvi convertit, ac tandem in caudam pavonis, et postea candidissimas et olorinas plumas, ac postremo summam rubedinem acquirit, indicium ignae suae naturae*". [Este é o pássaro que de noite voa sem asas, transformado pelo primeiro orvalho do céu através de uma cocção contínua para cima e para baixo, na subida e na descida em cabeça de corvo, e depois na cauda do pavão e em seguida obtém asas de cisne e finalmente uma extrema vermelhidão, sinal de sua natureza ígnea.] Em Basílides (HIPÓLITO. *Elenchos*, X, 14, 1, p. 274) o ovo do pavão é sinônimo de *sperma mundi*, do κόκκος σινάπεως. O ovo contém τὴν τῶν χρωμάτων πληθύν, a plenitude das cores, ou seja, 365. Dos ovos de pavão seria produzida a cor de ouro, conforme relatam os ciranidas (DELATTE. *Textes latins et vieux français relatifs aux Cyranides*, XCIII, p. 171). A luz de Muhammed tem a forma de um pavão, e do suor deste último foram criados os anjos (Cf. APTOWITZER. *Arabisch-Jüdische Schöpfungstheorien*, p. 209 e 233).

precede o resultado definitivo. Jacob Böhme diz: "...uma ânsia de amor, ou uma beleza das cores". Na ânsia amorosa "originam-se todas as cores"[132]. Em nosso mandala também o colorido surge da camada vermelha que significa a afetividade. Acerca da "vida da natureza" e "do espírito" reunidos da "roda esférica" (cf. acima) diz Böhme: "E assim nos é dado conhecer uma eterna substancialidade da natureza, igual à água e ao fogo, os quais se mantêm, portanto, como que misturados um ao outro, do que resulta uma cor azul luminosa como a da centelha ígnea; então sua forma é a de um rubi[133] misturado com cristais em uma essência, ou como amarelo, branco, vermelho, azul misturados em água escura, como azul no verde, uma vez que cada um tem sua luz e seu brilho e a água apenas resiste a seu fogo, a fim de que não haja nenhuma perda, mas um ser eterno em dois mistérios fundidos um no outro, e mesmo assim permanece a diferença dos dois princípios como dois tipos de vida". O fenômeno colorido deve sua existência "à imaginação dentro do grande mistério, onde uma vida essencial e maravilhosa se gera a si mesma"[134].

581 A partir disso vemos com a máxima clareza que Böhme se preocupava com o mesmo fenômeno psíquico da se-

132. *De signatura rerum*, XIV, 10s., p. 176.

133. O *carbunculus* é sinônimo da *lapis*. "*Rex... clarus ut carbunculus*" [O rei... brilhando como um carbúnculo] (Citação de Lilius, antiga fonte no *Rosarium philosophorum*. *In*: *Art. aurif* II, p. 329). "*Radius... in terris, cui lucet in tenebris instar carbunculi in se collectus*" [Um raio... na terra que brilha na escuridão semelhante a um carbúnculo concentrado]. (Extraído da apresentação da teoria de Tomás de Aquino por MICHAEL MAIER. *Symbola aureae mensae*, VIII, p. 377.) "*Inveni quendam lapidem rubeum, clarissimum, diaphanum et lucidum, et in eo conspexi omnes formas elementorum, et etiam eoram contrarietates*" [Encontrei uma certa pedra vermelha, claríssima, transparente e brilhante, e nela vi todas as formas dos elementos e de seus opostos] (Citação de TOMÁS em MYLIUS. *Philosophia reformata*, p. 42).

134. *Von himmlischen und irdischen Mysterium*, V, 4s.

nhora X – e de muitas outras pessoas. A ideia da *cauda pavonis* e da tetrameria, em Böhme, provém da alquimia[135], mas, como essa última, ele se fundamenta numa experiência que foi redescoberta pela psicologia moderna. Não só os produtos da imaginação ativa, mas também os sonhos produzem as mesmas sequências, com uma espontaneidade que não sofre qualquer influência. O sonho que se segue é um bom exemplo: uma paciente sonha que *se encontra numa sala onde há uma mesa e três cadeiras. Um desconhecido, de pé, a seu lado, convida a sonhadora a sentar-se. Ela vai buscar a uma certa distância uma quarta cadeira e nela se senta. Folheia então um livro que está sobre a mesa, no qual há ilustrações de cubos azuis e vermelhos, tais como os que se usam para jogos de construção. De repente ela se lembra de que ainda tinha a incumbência de fazer algo. Abandona o aposento e se dirige a uma casa amarela. Chove a cântaros, e ela procura abrigar-se sob um loureiro verde.*

A mesa, as três cadeiras, o convite para sentar-se, a cadeira que ela ainda deve buscar a fim de que sejam quatro, os cubos e o jogo de construção, tudo isso sugere tratar-se de uma "composição" que transcorre em etapas. Primeiro é uma combinação de azul e vermelho, seguindo-se o amarelo e enfim o verde. Essas quatro cores simbolizam quatro qualidades, conforme vimos. Essas não só *podem* ser, como *são* de fato interpretadas historicamente dos mais diversos modos. Do ponto de vista psicológico, essa quaternidade deve indicar em primeiro lugar as funções de orientação da consciência, sendo que pelo menos *uma* delas é inconsciente, e, 582

135. Os correspondentes químicos da *cauda pavonis* são talvez a pele iridescente de metais liquefeitos, por um lado (por exemplo chumbo!), e, por outro, as cores vivas de certas ligas de mercúrio e chumbo. Estes últimos metais formam eventualmente a matéria inicial, com a qual se trabalhava no laboratório.

portanto, indisponível para o uso consciente. No caso em questão, seria o verde, isto é, a função da sensação[136], o que é acertado, pois a relação da paciente com a realidade deste mundo é excepcionalmente complicada e difícil. A função que chamamos inferior, porém, graças à sua inconsciência, tem a grande vantagem íntima de estar contaminada pelo inconsciente coletivo, isto é, ela pode tornar-se a ponte que ultrapassa o abismo, separando a consciência do inconsciente e restaurando a conexão vital com este último. Eis a razão profunda pela qual o sonho representa justamente a função inferior mediante a imagem significativa do loureiro. Este corresponde à árvore que, no caso do mandala da senhora X, cresce em seu estúdio, e ambos se relacionam com os processos interiores de crescimento. Trata-se efetivamente da *arbor philosophica* dos alquimistas, da qual tratei pormenorizadamente em meu livro *Psicologia e alquimia*. Além disso, devemos levar em consideração o fato de que, segundo uma antiga concepção, o loureiro não pode ser danificado, nem pelo raio, nem pelo frio – *intactatriumphat* –, significando a Virgem Maria, o modelo de todas as mulheres, tal como Cristo o é dos homens[137]. Baseado na interpretação histórica, o loureiro pode ser visto neste contexto (como a árvore dos alquimistas) como símbolo do si

---

136. Pelo menos estatisticamente compete à cor verde a função da sensação.

137. "*Laurus undique virescens, pulchra, et inter complures arbores, fulmine prostrates, media, epigraphen tenet: Intacta triumphat. Mariam Virginem, inter omnes creaturas solam nullius peccati fulmine temeratam, haec imago spectat*". [Entre todas as árvores que foram destroçadas pelo raio, o verdejante e belo loureiro traz a inscrição: "Ela triunfa ilesa". Essa imagem refere-se à Virgem Maria, que entre todas as criaturas é a única que foi preservada do raio do pecado.] (PICINELLUS. *Mundus symbolicus*, lib. IX, cap. 16, p. 565.)

mesmo[138]. A ingenuidade dos pacientes que têm tais sonhos é sempre impressionante.

Voltemos novamente ao mandala. As linhas douradas providas de extremidades protuberantes repetem o antigo tema do espermatozoide, tendo, portanto, o significado do fecundante que deve sugerir que a quaternidade está sendo novamente gerada de um modo diverso. Na medida em que a quaternidade tem a ver com a consciência, podemos inferir desses sintomas uma intensificação da consciência. A luz dourada que irradia do centro parece referir-se a essa intensificação. Tratar-se-ia de um tipo de iluminação interior. 583

Dois dias antes de fazer essa pintura, a senhora X teve o seguinte sonho: "*Eu estava no quarto do meu pai em nossa casa de campo. Minha mãe havia afastado minha cama da parede, trazendo-a para o meio do cômodo e dormira nela. Eu estava furiosa e empurrei a cama para o seu antigo lugar. No sonho a colcha dela era vermelha; exatamente o mesmo vermelho reproduzido na pintura*". 584

O significado materno do sonho anterior é retomado diretamente pelo inconsciente: agora a mãe dormira no meio do quarto. Isso parece ser uma intrusão desagradável em sua esfera, a qual é representada pelo quarto do pai que significa o seu *animus*. Sua esfera é espiritual; a mãe usurpou-a como ao quarto do pai. Ela identificou-se, portanto, com o "espírito". Essa esfera foi invadida pela mãe que se instalou no centro, primeiro sob o símbolo da árvore. Ela representa, pois, a *physis* em oposição ao espírito, isto é, o ser natural feminino, que a sonhadora também é, sem querer aceitá-lo, por aparecer-lhe sob a forma de serpente negra. Embora ela tivesse anulado imediatamente a intrusão, 585

138. *O espírito de Mercúrio* [§ 247s.].

o princípio ctônico escuro, isto é, a substância negra avançou até o centro de seu mandala, como indica a sétima pintura. Desse modo, a luz dourada também pode aparecer, porquanto somente *ex tenebris lux* (a luz provém das trevas)! Devemos relacionar com a mãe a ideia da *matrix* em Böhme. A *matrix*, segundo este último, é a *conditio sine qua non* de todas as diferenciações ou concretizações, sem as quais o espírito permanece suspenso, em flutuação, nunca se tornando real. A colisão entre o princípio paterno (espírito) e o materno (natureza) tem o efeito de um choque.

586 Depois dessa pintura, ela sentiu a reiterada penetração do vermelho – ao qual ela associou a ideia do sentimento – como algo perturbador, descobrindo então que o seu "relacionamento" comigo na qualidade de seu analista (= pai) não era natural, nem suficiente. Ela se dava "ares" e posava como aluna inteligente, compreensiva (usurpação da espiritualidade!). Mas tinha que acrescentar o fato de sentir-se tola, além de sê-lo, sem importar-se com a minha opinião. Essa confissão deu-lhe um sentimento de grande libertação porque a ajudou a reconhecer finalmente ser a sexualidade "por um lado, algo além de um mero mecanismo para a produção de filhos e, por outro, mais do que uma simples expressão da paixão amorosa, mas sim também algo de fisiologicamente banal e autoerótico". Este reconhecimento tardio levou-a a um estado de fantasia em que ela tomou consciência de uma série de imagens obscenas. Viu enfim a imagem de um grande pássaro que designou como "pássaro da terra", o qual pousou na terra. O pássaro, como ser aéreo, é um conhecido símbolo do espírito. Ele representa a transformação de sua própria imagem "espiritual" em uma versão da mesma mais característica para o ser feminino, isto é, mais terrena. Essa "imagem final" confirma a nossa suposição de

Quadro 1

Quadro 2

Quadro 3

Quadro 4

Quadro 5

Quadro 6

Quadro 7

Quadro 8

Quadro 9

Quadro 10

Quadro 11

Quadro 12

Quadro 13

Quadro 14

Quadro 15

Quadro 16

Quadro 17

Quadro 18

Quadro 19

Quadro 20

Quadro 21

Quadro 22

Quadro 23

Quadro 24

Imagem 1

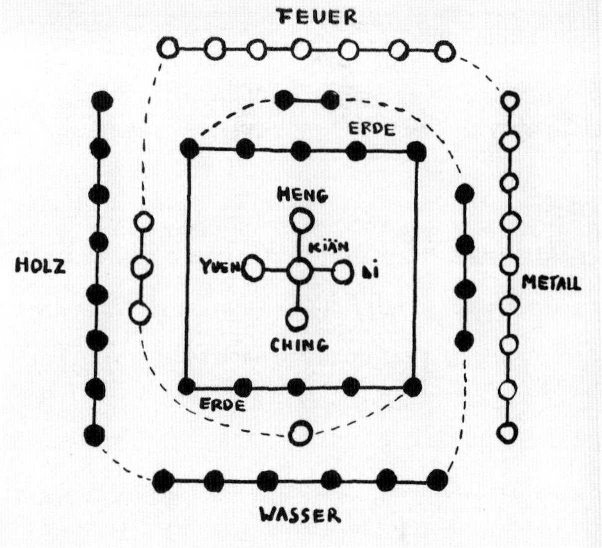

Imagem 2

Imagem 3

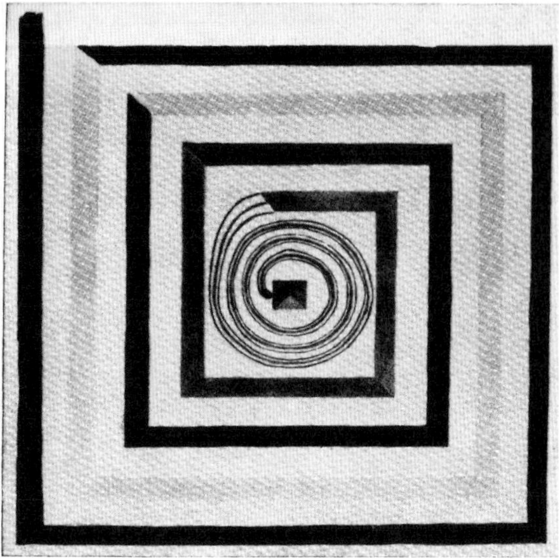

Imagem 4

Imagem 5

Imagem 6

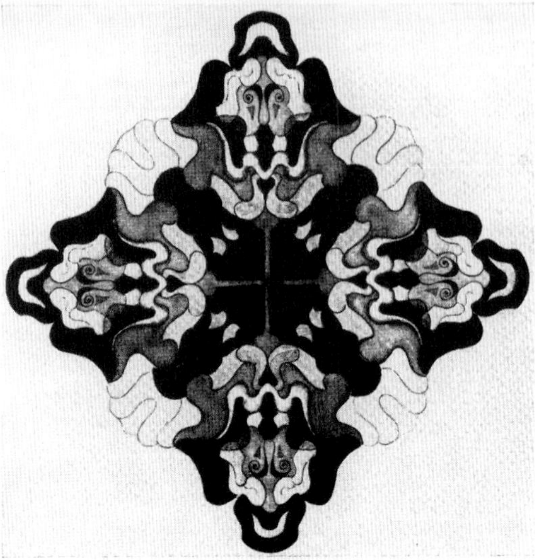

Imagem 7

Imagem 8

Imagem 9

Imagem 10

Imagem 11

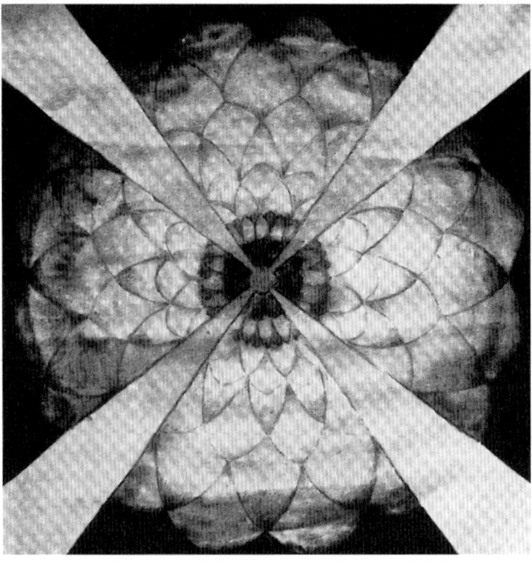

Imagem 12

Imagem 13

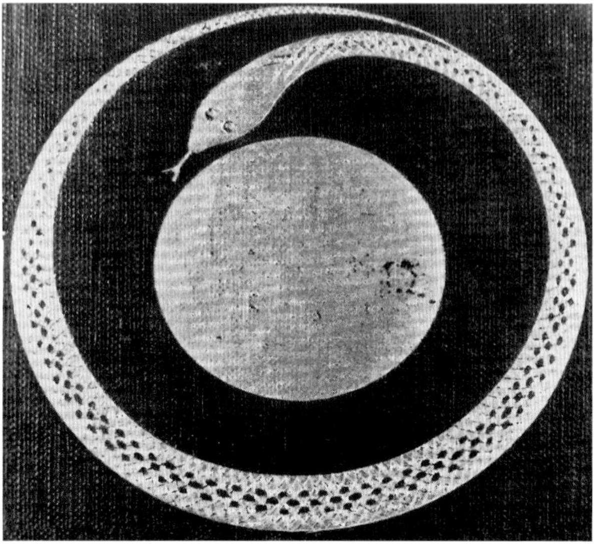

Imagem 14

Imagem 15

Imagem 16

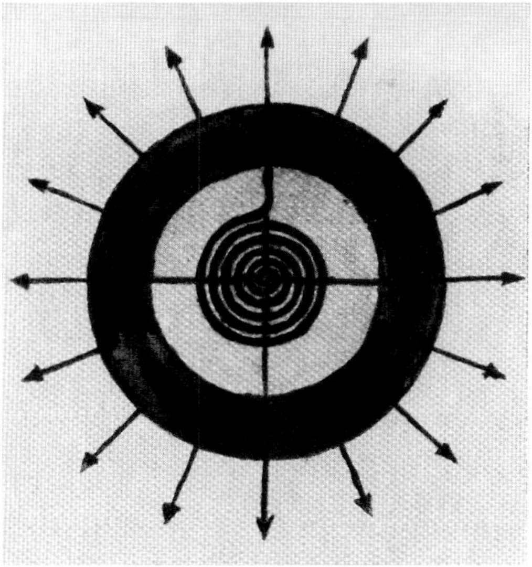

Imagem 17

Imagem 18

Imagem 19

Imagem 20

Imagem 21

Imagem 22

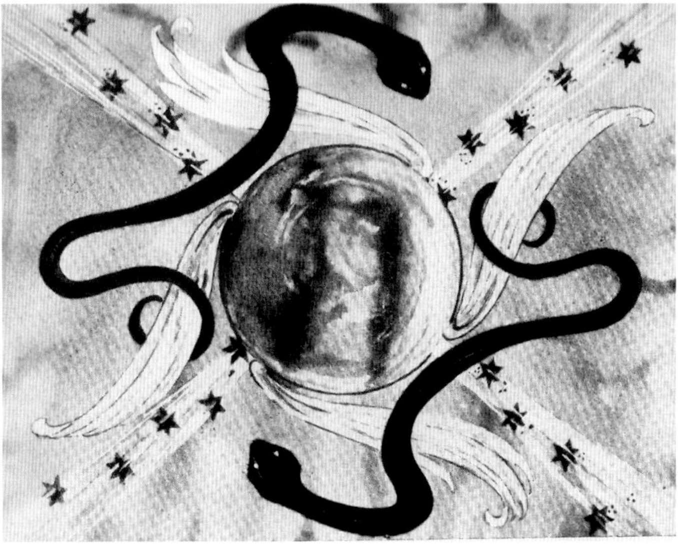

Imagem 23

Imagem 24

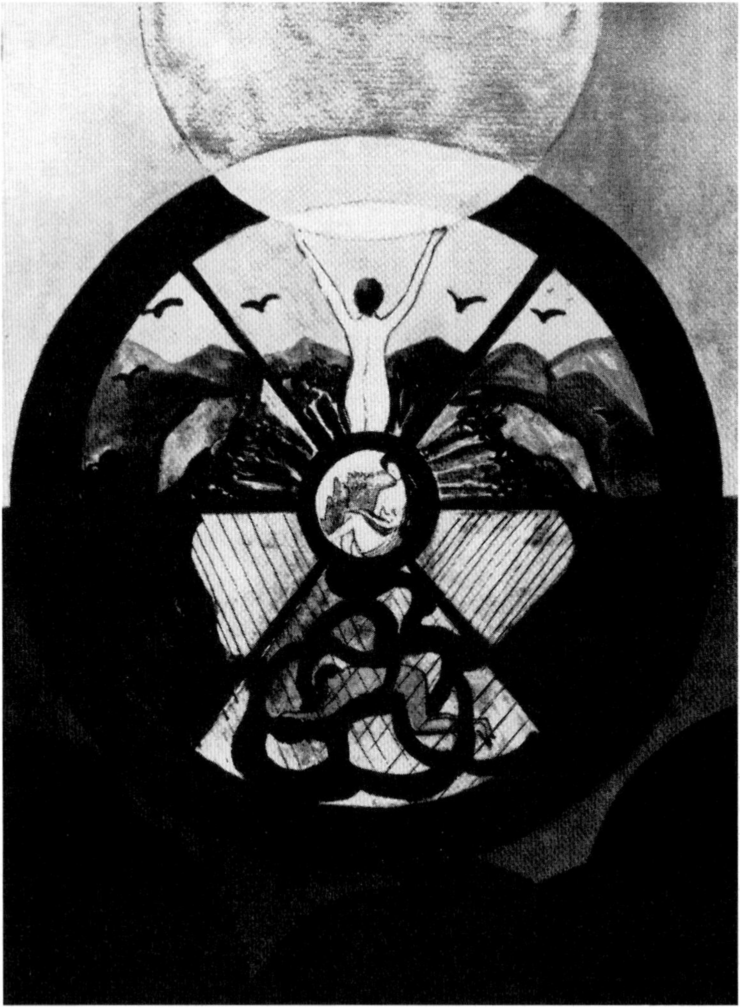

Imagem 25

Imagem 26

Imagem 27

Imagem 28

Imagem 29

Imagem 30

Imagem 31

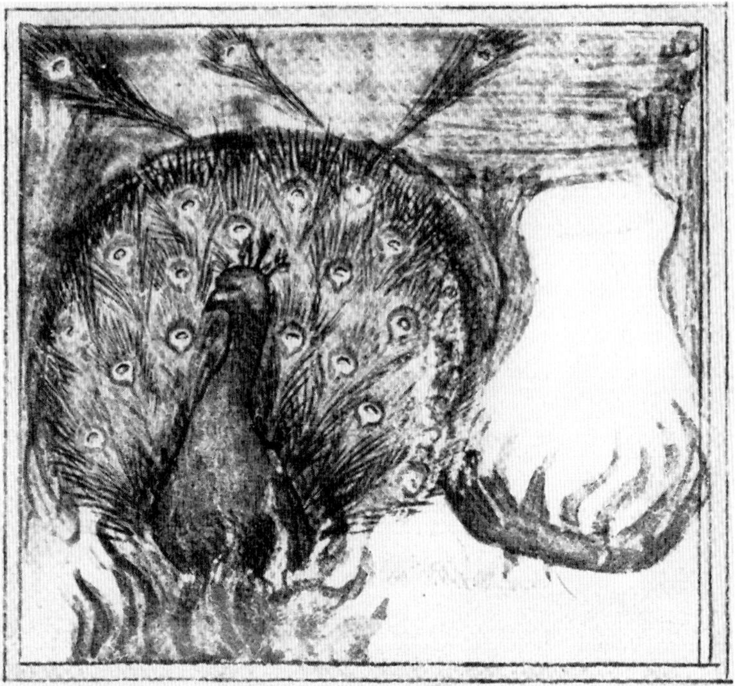

Imagem 32

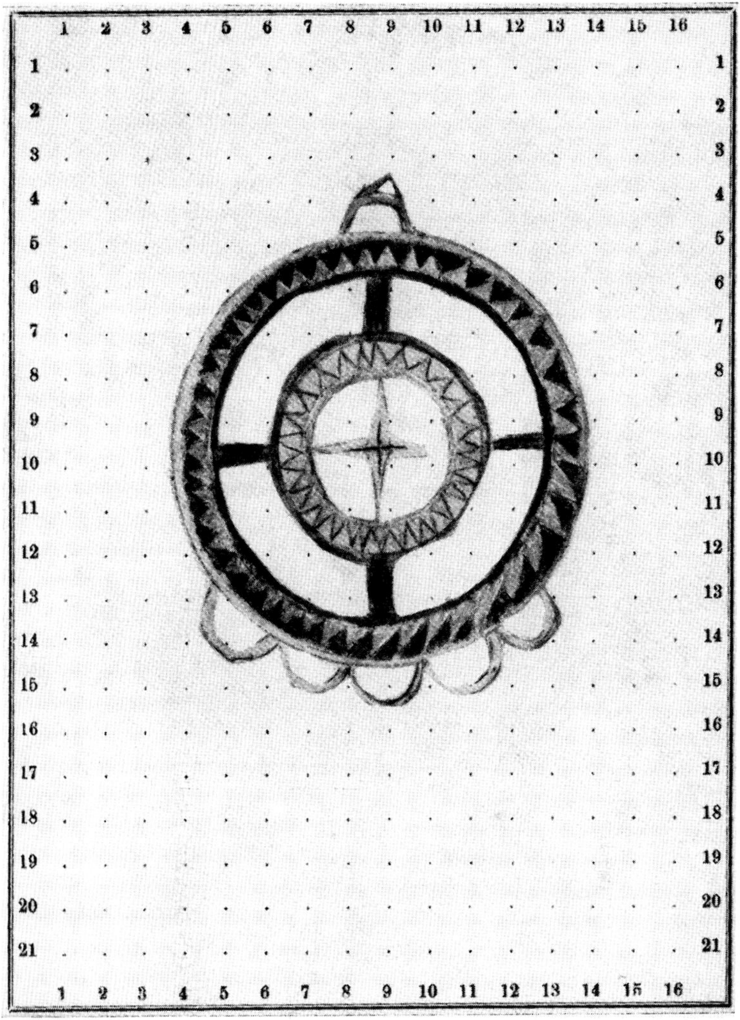

Imagem 33

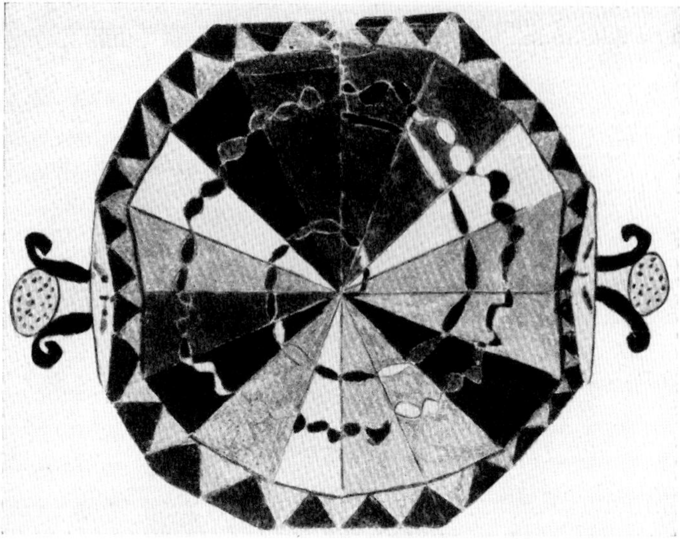

Imagem 34

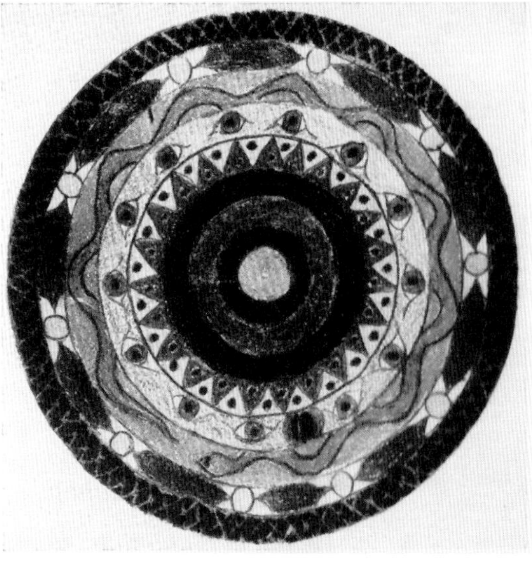

Imagem 35

Imagem 36

Imagem 37

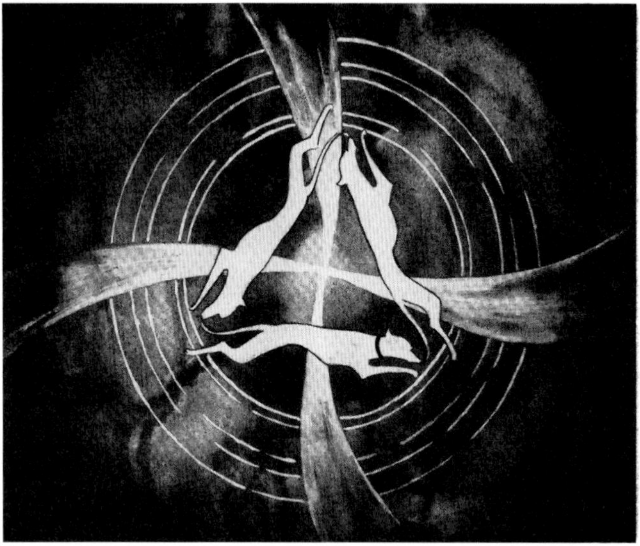

Imagem 38

Imagem 39

Imagem 40

Imagem 41

Imagem 42

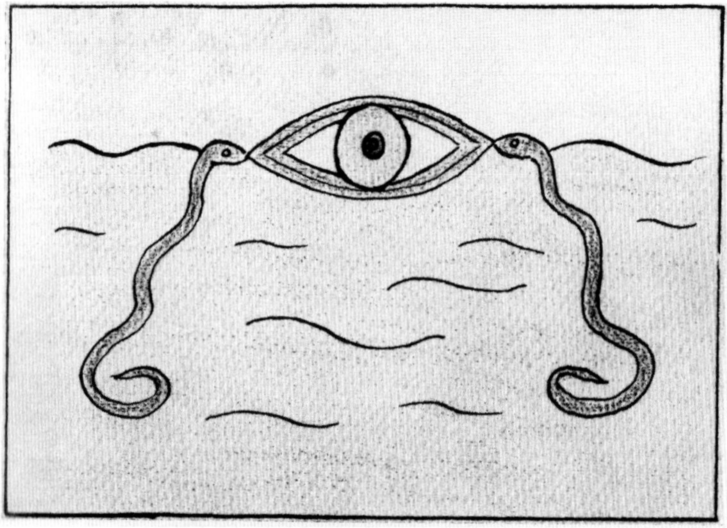

Imagem 43

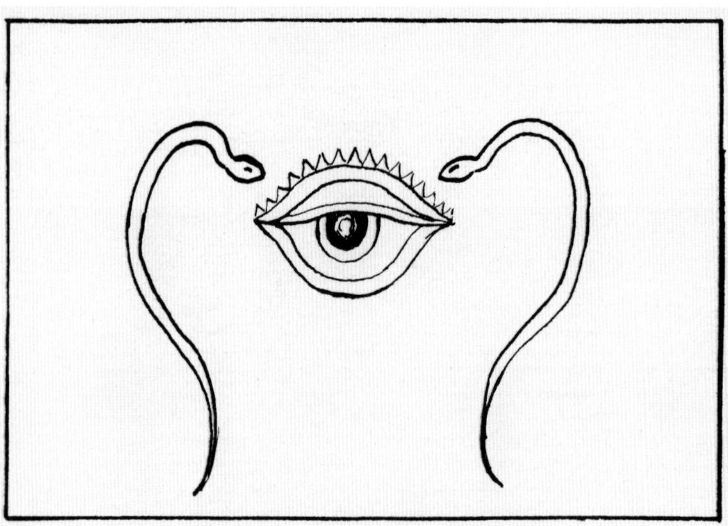

Imagem 44

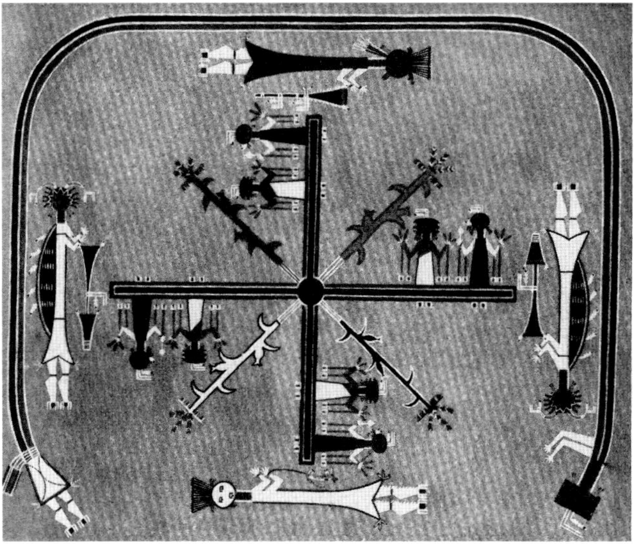

Imagem 45

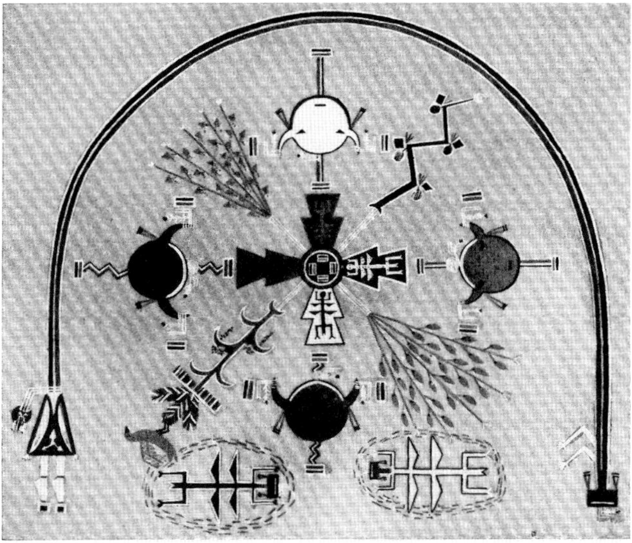

Imagem 46

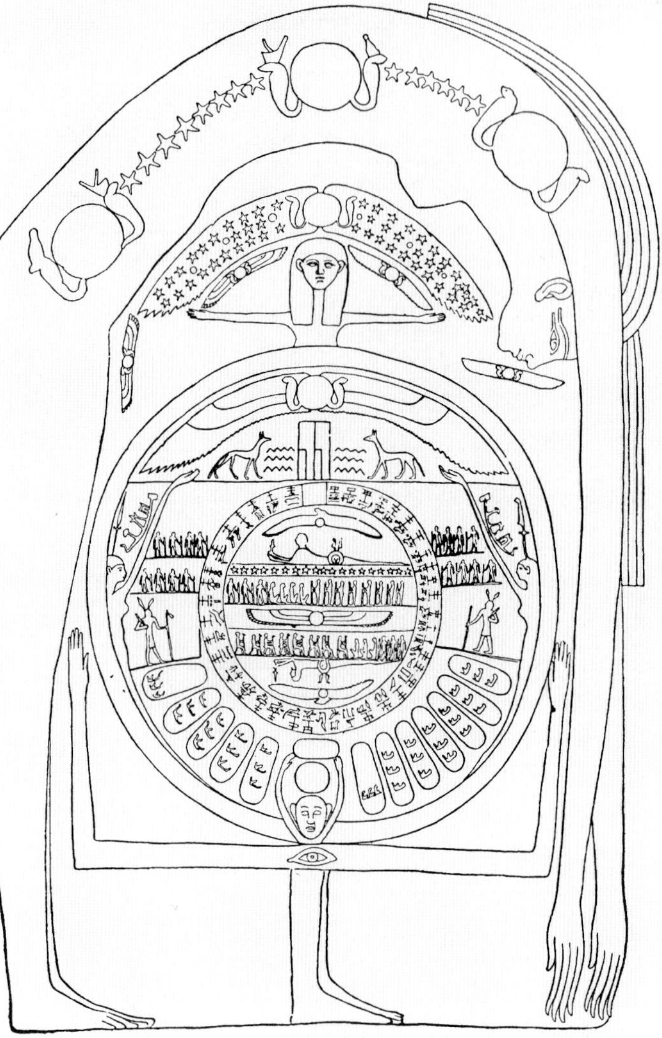

Imagem 47

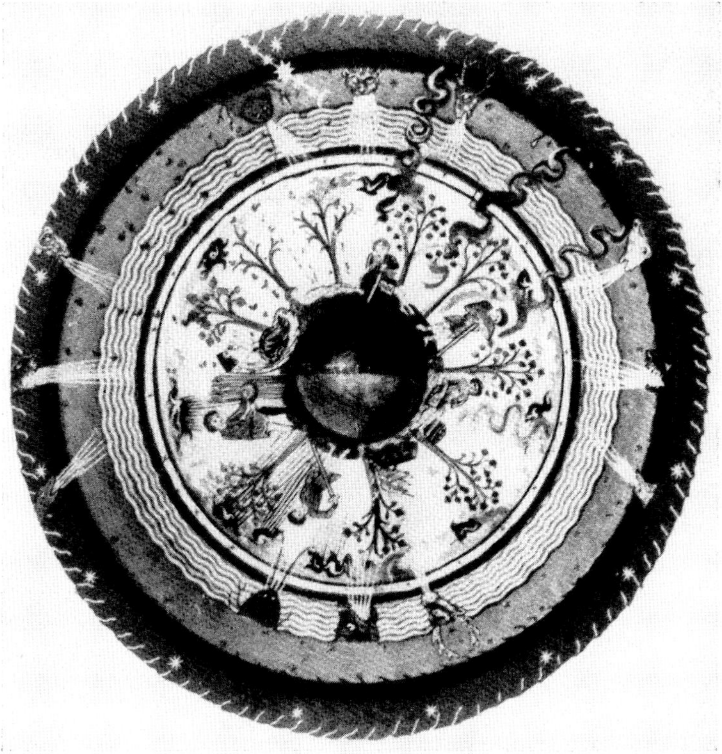

Imagem 48

Imagem 49

DECIMA FIGURA.

Imagem 50

Imagem 51

Imagem 52

Imagem 53

Imagem 54

que o movimento intensivo e dextrogiro para cima parou. Essa simbolização denota outra diferenciação necessária do que Böhme designa de um modo geral como "desejo de amor"[139]. Através dessa diferenciação a consciência não só se alarga, mas se confronta com a realidade das coisas, de modo que à vivência interior é designado um certo lugar.

Nos dias que se seguiram a paciente teve sentimentos de autocomiseração. Tornou-se claro para ela como era lamentável não ter tido filhos. Sentia-se como um animal abandonado ou uma criança perdida. Este desânimo cresceu, tomando as proporções de um verdadeiro tédio da vida e ela se sentia como o "*all compassionate Tathagata*" (Buda)[140]. Só quando se entregou totalmente a esse sentimento, conseguiu pintar outro quadro. Não é o descaso ou a repressão de estados de ânimo desagradáveis que levam à verdadeira libertação, mas só o entregar-se ao padecimento profundo deles. 587

QUADRO 8

Na oitava pintura o que imediatamente chama a atenção é o obscurecimento de todo o interior. O azul esverdeado da água condensou-se numa quaternidade azul-escura, e a luz dourada do centro circula em sentido contrário ao do ponteiro do relógio: o pássaro pousa na terra. Isso significa que o mandala está em busca da profundidade ctônica escura. Mas ele continua flutuando – as asas de Mercúrio o denotam – e já se aproximou bastante do negro. À quaternidade interna e indiferenciada corresponde uma externa, diferenciada, a qual é identificada pela senhora X com as quatro funções da consciência. Atribuiu-lhes as seguintes 588

139. Cf. o material acima mencionado sobre o carbúnculo [§ 580] com a anotação sobre o rubi.

140. [O Buda misericordioso.]

cores: intuição = amarelo, pensamento = azul-claro, sentimento = cor de carne, sensação = marrom[141]. Cada uma dessas quartas partes dissolve-se numa trindade, de modo que surge o número 12. A separação e caracterização das duas quaternidades é digna de nota. Desse modo o quatérnio externo aparece como uma concretização diferenciada[142] do quatérnio interno não diferenciado, o qual representa assim o arquétipo propriamente dito. Na Cabala, a essa relação corresponde o quatérnio da *merkabah*[143], por um lado, e o dos *achurajim*, por outro; em Böhme são os quatro espíritos de Deus[144] e os quatro elementos.

589 O tema das plantas no interior do mandala, também notado pela cliente, indica para trás, para a árvore (neste caso "árvore da cruz") e a mãe[145]. Com isso alude ao fato de este elemento anteriormente proibido ter sido aceito, ocupando agora o lugar central. Ela tem plena consciência disso, o que representa naturalmente uma grande e essencial diferença em relação à sua atitude anterior.

590 Ao contrário da pintura anterior, falta aqui a formação do córtice. Isso é lógico, pois o que devia ser excluído já ocupa o centro. A defesa tornou-se desnecessária. Em seu lugar, os "córtices" expandem-se como anéis dourados em

141. A cor atribuída à sensação nos mandalas de outras pessoas é em geral o verde, como acima mencionamos.

142. Cf. com a quaternidade dos *achurajim*.

143. Chochma (= *facies hominis*, face dos homens), Binah (= *aquila*, águia), Gedulah (= *leo*, leão) e Geburah (= *taurus*, touro), isto é, os quatro seres angélicos simbólicos da visão de Ezequiel [1,1s.].

144. São designados com nomes de planetas e chamados por Böhme os "quatro regentes na mãe, parturiente: Júpiter, Saturno, Marte e Sol". Eles são ♄, ♃, e ☉. "...nessas quatro formas do nascimento do Espírito / está o verdadeiro espírito, tanto como ser interior como exterior" (*De signatura rerum*, IX, 9s.), p. 90.

145. Tratei com mais detalhes da relação entre a árvore e a mãe, especialmente na tradição cristã, em *Símbolos da transformação* [segunda parte].

ondas concêntricas no espaço escuro. Isso indica uma influência sobre o ambiente, emanando do si mesmo rigidamente isolado.

Quatro dias antes de pintar este mandala, ela teve o seguinte sonho: *"Eu conduzo um jovem até a janela e com um pincel molhado em óleo branco tiro-lhe uma mancha negra da córnea. Isso torna visível uma pequena lâmpada dourada no ponto central do olho. O jovem sente-se logo aliviado e eu lhe digo que deve voltar para controle. Ao acordar pronuncio as seguintes palavras (Mt 6,22): 'Se teu olho estiver puro, teu corpo inteiro estará cheio de luz'".* 591

Este sonho descreve a transformação. A analisanda já não é mais idêntica ao seu *animus*. Este tornou-se até seu paciente, pois sofre da vista. O *animus*, em geral, vê as coisas tortas e muitas vezes imprecisas. Neste caso, uma mancha negra na córnea obscurece a luz dourada que brilha no interior do olho. Ela "viu negro demais". O olho é o protótipo do mandala, o que já é evidente em Jacob Böhme, que denomina seu mandala, nas *Quarenta perguntas da alma*, como "o globo filosófico" (esfera!), "espelho da sabedoria", "o olho dos milagres da eternidade". Böhme comenta: "A essência da alma com suas imagens deve ser imaginada na terra, em uma bela flor que dela cresce, e também no fogo e na luz: como se vê, a terra é um centro, mas sem vida; é essencial, porém, e dela cresce uma bela flor, a qual não se parece com ela..., no entanto, a terra é a mãe da flor". A alma é um "olho de fogo e símbolo do primeiro princípio", um *centrum naturae*[146]. 592

O mandala é de fato um "olho" cuja estrutura simboliza o centro ordenador do inconsciente. O olho é um corpo 593

146. *Das umbgewandte Auge*, 4s.

oco, preto por dentro, preenchido pelo corpo vítreo semilíquido. Visto de fora vê-se uma superfície redonda colorida, a íris, com um centro escuro, a pupila. Dela irradia uma luz dourada. Böhme o denomina um "olho de fogo", concordando com a velha teoria de que a visão emana do olho. ("Não fosse o olho de natureza solar..."![147]) O olho representa provavelmente a consciência (uma vez que é um órgão da percepção); ele olha para dentro de seu próprio pano de fundo. Sua luz o ilumina e, quando é clara e pura, o corpo inteiro se enche de luz. Em certas circunstâncias a consciência tem efeito purificador. Essa também deve ser a opinião de Mt 6,22s., que em Lc 11,34s. aparece ainda mais claramente.

594 O olho é, por outro lado, um conhecido símbolo de Deus. Böhme chama, pois, o seu globo filosófico de "olho da eternidade", a essência de todas as essências, o "olho de Deus"[148].

595 Pelo fato de haver aceitado o escuro, a analisanda não o transformou em luz, mas acendeu uma luz que ilumina o escuro interior. De dia, não se tem necessidade de luz e, se não sabemos que é noite, não se acende luz alguma e ninguém a acenderá, se não tivermos sofrido medo da escuridão. Não se trata de um texto edificante, mas da simples constatação de fatos psicológicos. A evolução da sétima para a oitava pintura dá uma boa ideia prática daquilo que eu designo por "aceitação do princípio escuro". Várias vezes fizeram-me a objeção de que não se pode ter clareza a respeito disso, o que é lamentável, porque se trata de um problema ético de primeira ordem. Estamos aqui diante

147. [GOETHE. *Zahme Xenien*, III.]

148. *Viertzig Fragen von der Seele*: Explicação do mandala.

de um caso de "aceitação" *in praxis*, e deixo para os filósofos o esclarecimento dos aspectos éticos deste processo[149].

QUADRO 9

Essa pintura contém pela primeira vez a "flor da alma" azul sobre fundo vermelho, a qual (evidentemente sem o conhecimento de Böhme) é do mesmo modo denominada pela senhora X[150]. No centro encontra-se a luz dourada sob a forma de uma lâmpada, conforme ela mesma constata. A formação de córtices é pronunciada, mas eles são feitos de luz (pelo menos na metade superior) e irradiam para fora[151]. A luz é constituída pelas cores do arco-íris do sol nascente; é uma verdadeira *cauda pavonis*. São seis feixes de raios. Isso lembra o sermão de Buda sobre a veste, da coleção intermédia do *Cânon páli*: "De ânimo amoroso... misericordioso... 596

149. Não me sinto qualificado para julgar eticamente o que a *venerabilis mater natura* faz para fazer desabrochar suas preciosas flores. Podemos fazê-lo, e aquele que é impelido por seu temperamento deve tentá-lo se corresponder a uma necessidade que outros também experimentam. Erich Neumann lidou de modo muito interessante com problemas desse tipo (*Tiefenpsychologie und neue Ethik*). Censurarão o meu temor sagrado diante da natureza, como uma atitude pouco ética, e me acusarão de fugir das "decisões". As pessoas que assim pensam distinguem aparentemente com segurança o bem do mal, sabendo qual a decisão a ser tomada. Infelizmente eu não estou tão seguro, mas espero, tanto por meus pacientes como por mim, que tudo isto, luz e escuridão, decisão e dúvida hesitante, possam tender para o "bem"; imagino que isso representa um desenvolvimento, tal como é aqui descrito, um desabrochar que não lesa nem prejudica ninguém, mas garante uma possibilidade de vida.

150. O livro *O segredo da flor de ouro*, que publiquei com Richard Wilhelm, ainda não tinha aparecido. A nona imagem de minha analisanda ligava-se a seus conteúdos.

151. Cf. *Adumbratio Kabbalae Christianae*, IV, § 2, p. 26: "Os seres que irromperam a partir do Deus infinito até o primeiro Adão eram todos espirituais..., isto é, eram simples, atos luminosos, um em si mesmos, seres de participação que podem ser pensados como o ponto central de uma esfera participante da vida representada como uma esfera irradiante".

cheio de alegria... impassível, ele irradia em uma direção, depois em uma segunda, em uma terceira, em uma quarta, tanto para cima como para baixo: reconhecendo-se em toda parte e em todas as coisas, ele atravessa com seus raios o mundo inteiro com ânimo impassível, amplo, profundo, ilimitado, purificado de toda raiva e rancor... Este, ó monges, é chamado o monge banhado nas águas interiores"[152].

597 Um paralelo com o Oriente budista não pode ser feito aqui, pois o mandala está dividido em uma metade superior e uma inferior[153]. Em cima brilham como córtices esféricas as cores do arco-íris, embaixo, os córtices são constituídos de terra marrom. Em cima flutuam os três pássaros brancos = pneumata significando a Trindade, embaixo aparece o bode acompanhado dos dois corvos (de Wotan)[154] e um rolo de serpentes. Isso não é a imagem do santo budista, mas sim do homem ocidental de cunho cristão, cuja luz projeta uma sombra escura. Além disso, os três pássaros flutuam em um céu totalmente negro, e o bode de tonalidade cinzenta escura encontra-se em um campo de cor laranja clara. Essa curiosamente é a cor da veste do monge budista, o que certamente não corresponde a alguma intenção consciente da pintora. O pensamento é claro: o branco não existe sem o preto, nem o diabo sem a santidade. Os opostos são irmãos dos quais o Oriente procura livrar-se através do seu *nirdvandva* ("livre

152. NEUMANN, K.E. *Die Reden Gotamo Buddhos*, I, 82s. Essa indicação acerca de Buda não é de modo algum arbitrária, uma vez que a forma do Tathagata em posição de lótus se repete várias vezes na série dos inúmeros mandalas deste caso.

153. Os mandalas tibetanos, porém, não são divididos e, com frequência, postos entre céu e inferno, isto é, entre os deuses benevolentes e os terríveis.

154. Essa é a Trindade correspondente à Tríade inferior, assim como o diabo ocasionalmente representado como três cabeças. Cf. "A fenomenologia do espírito nos contos de fadas" [§ 425 e 436s., de OC 9/1].

dos dois") e seu *neti-neti* ("nem isso, nem isso", isto é, nem isso nem aquilo), os quais o taoismo leva em conta de modo numinoso. A relação com o Oriente é ressaltada pela pintora intencionalmente, isso porque ela colocou no mandala quatro hexagramas do *I Ching*.

O ideograma à esquerda, na parte superior do mandala é o *yü*, o entusiasmo. Significa "trovão irrompendo da terra", isto é, um incitamento que provém do inconsciente representado por meio da música e da dança. O comentário de Confúcio, representado por Wilhelm diz: 598

> Firme como uma pedra, para que um dia inteiro?
> O julgamento podemos conhecê-lo.
> O nobre conhece as coisas secretas e as reveladas.
> Ele conhece o frágil e também o forte:
> Por isso miríades olham para ele[155].

O entusiasmo é a fonte do belo, mas também pode ofuscar.

O segundo hexagrama da parte superior é *sun*, o decréscimo. O trigrama superior significa montanha, o inferior é o lago. A montanha eleva-se sobre o lago, ela o "domina". Essa é a pintura cujo significado alude ao autodomínio e à contenção, isto é, a um aparente decréscimo de si mesmo. Isso é significativo, relativamente ao "entusiasmo". Na última linha do hexagrama, a qual diz: "mas não tens mais uma morada específica", há uma referência à "falta de moradia" do monge budista. No nível psicológico não se trata mais de uma demonstração tão drástica da renúncia e da independência, mas da percepção ineludível da condicionalidade de todas as relações, da relatividade de todos os valores e da transitoriedade de toda existência. 599

155. *I Ching*, n. 16. [Os hexagramas citados depois são: A diminuição, n. 41; A revolução, n. 46; O caldeirão, n. 50.]

600 O ideograma da parte inferior direita significa *shong*, o impulso para cima: "No meio da Terra cresce a madeira: imagem do impulso para cima". Lê-se também que se é impelido "para cima numa cidade vazia" e oferecido pelo rei "à montanha *Ki*". Este hexagrama significa, pois, crescimento e desenvolvimento da personalidade da terra para cima, o que é antecipado no mandala pelo tema vegetal. Isso se refere ao importante ensinamento que a senhora X tirou de sua experiência, ou seja, de que não há desenvolvimento se não aceitarmos a sombra.

601 O último hexagrama embaixo à esquerda é *Ding*, o caldeirão. Trata-se de um tacho de bronze, provido de alças e pés, o qual continha alimentos em ocasiões festivas. O trigrama interior significa "vento" e "madeira", o "fogo" superior. O caldeirão é por assim dizer constituído de madeira e fogo, tal como o "vaso" dos alquimistas é constituído de fogo ou água[156]. O caldeirão contém um alimento precioso ("banha de faisão"), mas não é comido porque o lado externo do caldeirão está deformado e por ter as pernas quebradas, tornando-o impróprio para o uso. Graças a uma abnegação interior e constante, a personalidade se diferencia (o tacho recebe "alças douradas" e até "anéis de jade") e é purificado até adquirir o brilho suave do precioso jade[157].

602 Apesar dos quatro hexagramas terem sido postos intencionalmente no mandala, eles são resultados autênticos da preocupação com o *I Ching*. As fases e os aspectos do desenvolvimento interior da minha paciente são, portanto, facilmente expressos na linguagem do *I Ching*, porque este

---

156. *Psicologia e alquimia* [§ 338].

157. Um conceito semelhante ao da transformação na *lapis philosophorum*, *op. cit.* [§ 378].

último também se fundamenta na psicologia do processo de individuação, o qual constitui uma das preocupações do taoismo e do zen[158]. O interesse pela filosofia oriental, no caso da senhora X, foi devido às profundas impressões que recebeu no decurso de sua existência, bem como ao melhor conhecimento de si mesma, às impressões causadas pelas tremendas contradições da natureza humana. O conflito insolúvel e ameaçador torna os sistemas orientais de cura, que aparentemente atravessam a problemática dos opostos sem conflito, duplamente interessantes. Este conhecimento do Oriente talvez seja parcialmente responsável pelo fato de os opostos, irreconciliáveis na visão cristã, não serem camuflados, mas vistos com toda agudeza: justamente por isso se conciliam na unidade do mandala. Böhme, por exemplo, não conseguiu realizar tal união; pelo contrário, ele compôs o semicírculo claro e o escuro, isto é, os lados convexos, de costas um para o outro. Nele, o lado claro é denominado "Espírito Santo", e o escuro, "Pai", ou seja, *auctor rerum*[159], ou "Primeiro Princípio" (enquanto o Espírito Santo representa o "Segundo Princípio"). Essa polaridade é atravessada pelo par de opostos Filho e Homem terreno. Todos os demônios estão do lado do Pai escuro, cujo fogo da ira representam[160], bem como na periferia do mandala.

Böhme partiu da alquimia filosófica e pelo que eu sai- 603
ba foi o primeiro a tentar a ordenação em um mandala do

---

158. Suzuki (*Die grosse Befreiung. Einführung in den Zen-Budhismus*) e *O segredo da flor de ouro* são uma boa ideia do que é dito acima.

159. Cf. a citação acima, extraída *do Aureum vellus* de Mennens, onde "terra" significa o *pater* e a "*umbra Dei*", a matéria. Essa concepção de Böhme está em perfeita sintonia com o caráter de Javé. Este é, independentemente de seu papel de protetor do direito e da moral, amoral e injusto. Cf. STADE. *Biblische Theologie des Alten Testaments* I, p. 88s.

160. BÖHME. *Viertzig Fragen.*

cosmos cristão em sua realidade total[161]. A tentativa fracassou na medida em que não conseguiu fechar em um círculo as duas metades. O mandala da senhora X, pelo contrário, abrange e contém os opostos, e isso, como podemos supor, graças ao auxílio do ensinamento chinês acerca do yang e yin, os dois princípios metafísicos opostos de cuja cooperação resulta o andamento do mundo. Os hexagramas com as linhas inteiras (yang) e as partidas (yin) ilustram certas fases desse processo. Constituem, portanto, certamente a mediação da oposição entre o superior e o inferior. Lao-Tsé diz: "O alto está sobre o profundo". Essa verdade indiscutível é secretamente sugerida no mandala: os três pássaros brancos encontram-se sobre um campo negro, o bode cinza-escuro, porém, está sobre um fundo laranja-claro. Desse modo insinua-se a verdade oriental, tornando possível – pelo menos numa antecipação simbólica – uma união dos opostos no processo de vida irracional, formulado pelo *I Ching*. O quadro seguinte mostra que se trata de fases opostas de um mesmo processo.

QUADRO 10

604 Na décima pintura, iniciada em Zurique, só completada após o regresso da senhora X à sua terra, encontramos como antes a mesma divisão de superior e inferior. A "flor da alma"[162] do centro é a mesma, mas está cercada de todos os lados por um céu azul noturno escuro, em que aparecem as quatro fases da Lua, sendo que a Lua Nova

161. Deixo de lado conscientemente as múltiplas disposições do círculo, por exemplo, o *rex gloriae* com os quatro evangelistas, o paraíso com os quatro rios, as hierarquias celestes de Dionísio Areopagita etc., que deixam de lado a realidade do mal, por considerá-lo uma simples *privatio boni*, diminuindo desse modo sua importância eufemisticamente.

162. Cf. o trabalho significativo de RAHNER, H. *Die seelenheilende Blume*.

coincide com o mundo escuro (inferior). Os três pássaros tornaram-se dois. Suas penas escureceram e em compensação o bode único tornou-se dois seres antropomórficos chifrudos, de rosto claro; das quatro serpentes restaram duas. Uma inovação digna de nota é aparecerem dois caranguejos no hemisfério inferior corporal (ctônico). O caranguejo tem essencialmente o mesmo significado que o símbolo de Câncer[163]. Infelizmente falta aqui um contexto dado pela própria senhora X. Em tais casos convém investigar como o passado histórico utilizou o objeto em questão. Em tempos remotos ainda anteriores à ciência fazia-se a distinção entre caranguejo (macrura = de cauda longa) e caranguejo (brachyura = de cauda curta). Como figura zodiacal, o caranguejo tem o significado de ressurreição, uma vez que ele troca de casca[164]. Os antigos tinham em mente principalmente o *Pagurus Bernhardus*, ou Bernardo-eremita. Este se esconde em seu caramujo e é inatacável. Significa, portanto, precaução e previsão de eventos futuros[165]. Ele "depende da Lua e se multiplica de acordo com ela"[166]. É notável que

163. Cf. BOUCHÉ-LECLERCQ. *L'Astrologie grecque*: "O câncer ou caranguejo ou camarão" (p. 136). A constelação foi representada de um modo geral como um caranguejo sem cauda.

164. "*Cancer iuxta temporum vicissitudines mutari solet; pristinisque abiectis crustis, novas ac recentes inducti*" [O Câncer costuma modificar-se na vicissitude dos tempos; depois de livrar-se de suas cascas, ele adquire outras novas e frescas]. Este seria um "emblema" da ressurreição dos mortos, diz Picinellus (*Mundus symbolicus*, libr. VI, 45), e cita Ef 4,23: "*renovamini autem spiritu mentis*" etc. ["...portanto devereis renovar-vos pelo Espírito em vosso ser interior".]

165. Prevendo a enchente do Nilo, os caranguejos (assim como as tartarugas e os crocodilos) levavam seus ovos a lugares mais elevados e seguros: "...*futura multo antequam veniant animo praesagiunt*" [bem antes das coisas futuras acontecerem, eles as pressentem] (CAUSSINUS. *Polyhistor symbolicus*, libr. VIII, 25, p. 383).

166. "*Cancer a luna dependet, ac cum eadem accrescit*". [Câncer depende da Lua e cresce com ela.] MASENIUS. *Speculum imaginum veritatis occultae*, cap. LXVII, 30, p. 768.

o caranguejo apareça justamente no mandala quando pela primeira vez são representadas as fases da Lua. O Câncer é astrologicamente o *domicilium Lunae*. Devido a seu movimento retrógrado característico, ele desempenha na superstição o papel de um animal portador de má sorte ("andar de caranguejo" = andar para trás). Câncer (καρκίνος) é a designação do tumor maligno das glândulas. Assim também é chamada a figura zodiacal em que o Sol começa a sua retirada. Pseudo-Calístenes relata como caranguejos puxavam os barcos de Alexandre para dentro do mar[167]. Karkinos é o nome do caranguejo que mordeu o pé de Héracles na luta com a Hidra de Lerna, tentando impedi-lo. Hera, em agradecimento, transportou seu aliado para as estrelas[168].

605 Na astrologia, câncer é um signo feminino e de água[169], no qual ocorre o solstício de verão. Nas *melothesiae*[170] o signo é relacionado com o peito. Ele rege também o mar ocidental. Propertius tem dele uma impressão sinistra: "*Optipedis Cancri terga sinistra tine*" ("teme as costas sinistras do caranguejo octópode"[171]). De Gubernatis diz: "O caranguejo provoca [...] ora a morte do herói solar, ora a do monstro[172]". Pañcatantram V, 2 conta como um caranguejo que havia sido entregue ao filho pela mãe como mágica apotropaica[173] salva a vida do menino matando uma serpente

167. DE GUBERNATIS. *Die Thiere in der indogermanischen Mythologie*, p. 611.

168. ROSCHER. *Lexicon*, cf. verbete Karkinos, 950. O mesmo tema em um sonho (*Psicologia do inconsciente*) [§ 123s.].

169. No Egito, a ascensão heliacal de Câncer indica o início da inundação anual do Nilo, e assim o começo do ano (BOUCHÉ-LECLERCQ, *op. cit.*).

170. [*Cf. Psicologia e religião*, § 62, nota 7].

171. *Elegiarum, lib.* IV, 1, 150, p. 287.

172. DE GUBERNATIS. *Op. cit.*, p. 612.

173. Cf. *Handwörterbuch des deutschen Aberglaubens*, V, p. 448, cf. verbete Krebs (Câncer).

negra[174]. Na opinião de De Gubernatis, o caranguejo representa ora o Sol, ora a Lua[175], conforme ele caminha para frente ou para trás.

A senhora X nascera nos primeiros graus de Câncer (mais ou menos no 3º). Ela conhecia seu próprio horóscopo e tinha plena consciência do significado do momento do nascimento, isto é, estava ciente de que o grau do zodíaco ascendente condiciona a individualidade do horóscopo. Na medida em que, obviamente, ela pressentia o parentesco interior deste último com o mandala, colocou seu sinal ♋ no desenho, para expressar o si mesmo[176]. 606

A conclusão essencial que podemos tirar dessa décima pintura é que as dualidades ininterruptas equilibram interiormente os seus respectivos princípios, o que determina uma perda de sua agudeza e incompatibilidade tal como diz Multatuli[177]: "Nada é totalmente verdadeiro e mesmo isso não o é". Essa preocupante perda de força, porém, é contrabalançada pela unidade do interior, no qual brilha a lâmpada, irradiando luzes coloridas para as oito regiões do mundo[178]. 607

Embora a consecução do equilíbrio interior através de pares simétricos represente provavelmente a intenção principal desse mandala, não devemos esquecer o fato de que a duplicação também ocorre onde conteúdos inconscientes estão a ponto de tornar-se conscientes, isto é, diferenciados. 608

174. *Pañcatantram*, p. 313s.

175. DE GUBERNATIS. *Op. cit.*

176. O horóscopo apresenta quatro signos terrestres e nenhum signo aéreo. O perigo que ameaça por parte do *animus* é reproduzido em ☽ □ ☿.

177. [Pseudônimo do poeta holandês Eduard Douwes, aliás, Dekker.]

178. Cf. a representação budista das "oito direções do compasso" (Amitâyur-Dhyāna-Sûtra. *In*: *Sacred Books of the East*, XLIX, *part* II, p. 170).

Dividem-se então, como acontece frequentemente nos sonhos, em duas metades idênticas ou levemente desiguais, correspondendo ao aspecto já conscientizado e ao que ainda permanece inconsciente, do conteúdo emergente. Este quadro me causa a impressão de representar de fato um tipo de solstício ou clímax em que ocorre uma decisão. As dualidades significam no fundo sim e não, os opostos inconciliáveis que, no entanto, *devem manter-se* unidos para que o equilíbrio da vida seja mantido. Isso só acontece quando o centro é tenazmente firmado, onde a atividade e a passividade se equilibram. O caminho segue pelo fio da navalha. Tal ponto culminante da vida em que os opostos universais se chocam é ao mesmo tempo um instante em que não raro se abre uma ampla perspectiva sobre o passado e o futuro. Trata-se do momento psicológico, como o *consensus gentium* sempre constatou, em que ocorrem fenômenos sincronísticos, isto é, quando algo distante no tempo se aproxima: dezesseis anos mais tarde a senhora X contraiu um câncer de mama, que a levou à morte[179].

QUADRO 11

609 Acerca dessa pintura mencionarei apenas que os raios coloridos, os quais partiam do centro, rarefazem-se aqui até desaparecerem nas pinturas posteriores. O Sol e a Lua exteriorizaram-se, isto é, não estão mais contidos no microcosmo do mandala. O Sol não é dourado, mas de um amarelo

179. Não tenho dúvidas de levar seriamente em conta os fenômenos da sincronicidade que servem de base à astrologia. A alquimia tem uma eminente razão de ser psicológica, como provei fartamente, assim também a astrologia. Atualmente já não é de grande interesse saber em que medida essas duas áreas representam extravios, mas trata-se muito mais de examinar quais são as suas bases psicológicas.

ocre turvo, além de indicar nitidamente um movimento sinistrogiro: ele se inclina em direção ao seu próprio obscurecimento, o que de fato deve acontecer segundo a figura do câncer (solstício). A Lua está no crescente. As formações bulbosas na proximidade do Sol representam provavelmente nuvens cúmulos, mas devido à sua cor cinzento-avermelhada têm um aspecto suspeito, isto é, semelhantes a tumores em forma de bulbo. O interior do mandala contém uma *quincunx* de estrelas, sendo que a cor da estrela central é constituída de prata e ouro. A divisão do mandala em um hemisfério de ar e outro de terra deslocou-se para o mundo exterior e já não é reconhecível no interior. O aro prateado do hemisfério do ar da pintura anterior circunda aqui todo o mandala, relembrando o cinto de mercúrio, o qual enquanto *mercurius vulgaris* "oculta a verdadeira personalidade". Em todo caso é provável que nessa pintura a influência e o significado do mundo exterior se tornem tão prementes que acarretem uma certa perturbação e desvalorização do mandala. Mas este não se dissolve ou explode (o que pode acontecer em circunstâncias parecidas), mas se afasta da influência telúrica através de uma referência simbólica a uma constelação de astros.

QUADRO 12

Na décima segunda pintura o Sol realmente baixou 610
até a linha do horizonte e a Lua está no começo do quarto crescente. A irradiação do mandala cessou por completo. Equivalentes de Sol e Lua foram introduzidos no mandala, e também a Terra. O importante é a repentina animação do interior por duas figuras humanas e várias espécies animais. Desapareceu o caráter de constelação do centro, dando lugar a um tema floral. Não podemos constatar infelizmente

qual o significado dessa animação, pois não foi feito nenhum comentário a respeito.

611 Na décima terceira pintura a fonte de irradiação desapareceu completamente do mandala, mas está fora dela sob a forma da Lua Cheia, da qual partem ondas circulares concêntricas, luzindo com as cores do arco-íris. O mandala é amarrado por quatro serpentes negras e douradas, três das quais avançam para o centro, enquanto uma vira a cabeça para fora e para cima. Entre as cabeças das serpentes e o centro encontra-se sugerido o tema do espermatozoide. Isso indica talvez uma penetração mais intensa do mundo exterior e também uma proteção mágica. A composição da quaternidade em três mais um corresponde ao arquétipo[180].

612 Na décima quarta pintura o mandala paira sobre o trânsito noturno que vai sendo engolido pela Quinta Avenida de Nova York, para onde a senhora X já havia retornado. Na flor azul do centro é representada a *coniunctio* das figuras "régias", através de um fogo sacrifical aceso entre ambos. O rei e a rainha são assistidos por duas figuras ajoelhadas: uma mulher e um homem. Trata-se de um típico quatérnio de matrimônios, cujo significado psicológico pode ser encontrado em minha obra *Psicologia da transferência*. A união interior deve ser interpretada como um "fortalecimento" frente a influências externas desintegradoras.

613 No décimo quinto mandala a pintura paira entre Manhattan e o mar. Já é dia e o sol acaba de nascer. No centro azul serpentes azuis penetram na substância vermelha do envoltório do mandala: o processo começa a inverter-se depois que a introversão emocional provocada pelo choque

180. Trata-se do assim chamado *Axioma de Maria*. Exemplos conhecidos são: Hórus com seus quatro, ou seja, 3 + 1 filhos, as quatro figuras simbólicas de Ezequiel, os quatro evangelistas e os três sinóticos e João.

de Nova York ultrapassou seu ápice. A cor azul das serpentes indica que elas alcançaram uma natureza pneumática.

A partir da décima sexta pintura a técnica do desenho e da pintura progridem sensivelmente. Os mandalas ganham valor estético. Na décima sétima pintura comparece um tema de olhos, que observei também em quadros de outras pessoas. Parece-me que isso se liga ao tema de polioftalmia, apontando para a natureza particular do inconsciente, a qual pode ser concebida como "consciência múltipla". Eu tratei dessa questão em outro lugar, pormenorizadamente[181] (cf. tb. fig. 5). 614

O processo da inversão atingiu seu ponto culminante um ano mais tarde, depois do quadro da conjunção, na décima nona pintura[182]. Aqui a substância vermelha foi disposta em torno da estrela dourada central de quatro raios, enquanto a substância azul foi impelida para a superfície. Nessa pintura reinicia-se a irradiação do mandala com as cores do arco-íris, perdurando então por mais de dez anos. 615

Não quero reproduzir nem comentar as demais pinturas que – como já disse – se estenderam por mais de dez anos porque tenho a impressão de não as compreender suficientemente. Além disso, elas só chegaram há pouco tempo às minhas mãos, após a morte de sua autora, infelizmente 616

181. *Der Geist der Psychologie.*

182. [As ilustrações 18-24, que não foram reproduzidas nas edições anteriores deste trabalho, foram escolhidas pelo Professor Jung entre os quadros pintados pela paciente após o término da análise. As datas da série completa de quadros são: 1-6 de outubro de 1928; 7-9 de novembro de 1928; 10 de janeiro; 11 de fevereiro; 12 de junho; 13 de agosto; 14 de setembro; 15 de outubro; 16, 17 de novembro, todos de 1929; 18 de fevereiro de 1930; 19 de agosto de 1930; 20 de março de 1931; julho de 1933; 22 de agosto de 1933; 23 de (?) de 1935, "*Night-blooming cereus done May 1938, on last trip Jung* (anotação da paciente): na flor de cera que floresce de noite, feita em maio de 1938, por ocasião da última viagem até Jung.]

Fig. 5. Mandala desenhado por uma paciente de 58 anos, com dotes artísticos e formação técnica. No centro, um ovo rodeado por uma cobra; na parte externa, asas e olhos apotropaicos. Por exceção, a estrutura do mandala é pentagonal. (Essa paciente produziu também mandalas triádicos. Gostava de brincar com formas, independentemente de sentido, o que era produto de seus dotes artísticos.)

sem o contexto e sem comentários. Nessa circunstância, o trabalho do intérprete torna-se um tanto inseguro, razão pela qual eu o omiti. Este quadro deve ser apenas um exemplo de como tais pinturas e as reflexões e observações são necessárias para sua interpretação. Este caso não demonstra, de modo algum, que um percurso inteiro de vida se expressa simbolicamente. O processo de individuação passa por diversas etapas e é capaz de muitas peripécias, como aliás o decurso da *opus alchymicum* demonstra suficientemente.

RESUMO

A série de pinturas ilustra o momento inicial do caminho da individuação. Seria certamente desejável ter mais dados acerca do acontecido. Como, porém, nem o ouro filosófico, nem a *lapis philosophorum* foram realmente feitos, nunca alguém pôde relatar o caminho inteiro para ouvidos mortais, pois não é o narrador, mas sim a morte que pronuncia o *consummatum est*. Há com certeza coisas que merecem ser conhecidas nos estágios posteriores do processo, mas é importante tanto dialeticamente como terapeuticamente não encurtar os estágios iniciais. Como essas pinturas representam antecipações intuitivas de desenvolvimentos futuros, convém demorar-se o bastante nelas, a fim de integrar à consciência, mediante a sua ajuda, tanto conteúdo do inconsciente, para que a primeira atinja de fato o estágio previsto. Tais desenvolvimentos psíquicos não costumam de qualquer modo acompanhar o ritmo das evoluções intelectuais. Eles têm até mesmo como objetivo mais próximo reconectar uma consciência que disparou na frente com os fundamentos inconscientes aos quais ela deveria estar ligada. Foi este o problema do caso que aqui tratamos. A senhora X teve que voltar à pátria de sua mãe a fim de reencontrar a sua terra – *vestigia retro*! Essa é uma tarefa atualmente colocada não só às pessoas individualmente, mas a civilizações inteiras. O que significam as terríveis regressões do nosso tempo? O ritmo de desenvolvimento da consciência na ciência e na técnica foi rápido demais, deixando para trás o inconsciente que não acompanhou seu passo, impelindo-o assim a uma posição de defesa, a qual se manifesta em uma vontade generalizada de destruição. Os *ismos* políticos e sociais de nossa época pregam todo tipo de ideais imagináveis, mas por detrás dessa máscara perseguem o objetivo de rebaixar o nível da nossa cultura, na medida em que limitam as possibilidades indivi- 617 duais de desenvolvimento e até as impedem de modo total. Fazem-no em parte criando um caos domado pelo terror, do qual resulta um estado primitivo que apenas oferece uma limitada possibilidade de vida, um estado que excede os piores momentos da "obscura" Idade Média. Resta-nos esperar para ver se da experiência da escravidão indigna resultará um anseio maior por uma liberdade espiritual.

618 Este problema não pode ser resolvido coletivamente, pois a massa não se modifica se o indivíduo não se modificar. Nem mesmo a melhor das soluções pode ser imposta ao indivíduo, uma vez que ela só será boa se estiver conectada a ele mediante um processo natural de desenvolvimento. Trata-se, pois, de um empreendimento sem esperança depositar essa expectativa em receitas e medidas coletivas. A melhoria de um mal generalizado começa pelo indivíduo, e isso só quando este se responsabiliza por si mesmo, sem culpar o outro. Naturalmente isso só é possível na liberdade, e não na tirania, seja essa exercida por um homem que se autopromoveu ou criada pela plebe.

619 As pinturas iniciais da nossa série ilustram os processos propriamente psíquicos que começam no momento em que nos lembramos da parte da personalidade que foi deixada para trás e esquecida. Assim que se restabelece a conexão com ela aparecem também os símbolos do si mesmo, os quais pretendem transmitir uma imagem da personalidade total. Com essa evolução o homem moderno ignorante chega a caminhos há muito tempo trilhados, ou seja, à *via sancta*, cujos marcos e sinais indicadores são as religiões[183]. Ele pensará e sentirá coisas que lhe são estranhas ou irritantes. Apuleio relata que nos mistérios de Ísis ele "pôs o pé no limiar de Prosérpina e viu brilhar o Sol à meia-

183. Is 35,8: "*et erit ibi semita et via et via sancta vocabitur*" ("e lá haverá uma rua pura, que será denominada 'caminho santo'").

-noite"[184]. Ele viu os deuses inferiores e superiores de perto e venerou-os. Tais experiências também se expressam nos nossos mandalas; por isso, encontramos justamente na literatura religiosa os melhores paralelos dos símbolos e estados de alma referentes a situações descritas dos mandalas. Essas situações significam intensas experiências interiores, as quais – se o indivíduo que as experimenta possui a capacidade moral da πίστις, isto é, da confiança leal – constituem um crescimento anímico duradouro no sentido de um amadurecimento e aprofundamento da personalidade. Trata-se daquelas experiências anímicas originárias que estão à base da "fé" e deveriam ser o fundamento inabalável da mesma e não só da fé, mas do conhecimento.

O caso de que tratamos mostra com rara clareza a es- 620
pontaneidade do processo anímico e a transformação de uma situação pessoal no problema da individuação, isto é, da totalização do indivíduo, a qual representa a resposta à grande pergunta contemporânea: Como pode a consciência mais atual e avançada ligar-se novamente ao mais antigo, o inconsciente deixado para trás? O mais antigo é a base instintiva. Quem ignora os instintos será dominado por eles, a partir de uma emboscada por eles preparada, e quem não pode rebaixar-se será rebaixado, e com isso perderá seu dom mais precioso: a liberdade.

Sempre que a ciência tenta representar um processo 621
de vida simples a coisa se complica e dificulta. Por isso não devemos admirar-nos com o fato de particularidades de um processo de transformação, que se tornaram visíveis através do processo da imaginação ativa, exigirem muito da

184. *Metamorphosen*, XI, 23, p. 240: "*Accessi confinium mortis: et calcato Proserpinae limine, per omnia vectus elementa remeavi*" ["Fui até o limite entre a vida e a morte. Pisei nos limiares de Proserpina, e depois de ter passado por todos os elementos, retornei novamente" (p. 425)].

compreensão intelectual. Sob este aspecto tais particularidades podem ser comparadas a todos os demais processos biológicos. Estes também requerem conhecimentos muito especiais para sua compreensão. Nosso exemplo mostra, porém, por outro lado, que este processo pode começar e desenvolver-se sem que um conhecimento especial deva apadrinhá-lo. No entanto, se quisermos entender algo a respeito, isto é, assimilá-lo à consciência, torna-se necessária uma certa dose de conhecimento. Se o processo não for absolutamente compreendido, ele terá que atingir uma intensidade extraordinária, a fim de não se perder de novo no inconsciente, de modo infrutífero. No entanto, se os seus afetos (*Affekte*) se intensificam atingindo um grau incomum, obrigam a uma certa mudança da sua compreensão das coisas. Dependerá então do acerto dela que suas consequências sejam mais ou menos patológicas. Experiências anímicas, dependendo de sua compreensão correta ou incorreta, exercem efeitos diversos sobre o desenvolvimento posterior do indivíduo. Cabe ao psicoterapeuta adquirir o conhecimento desses elementos que vão capacitá-lo a ajudar o seu paciente a fim de que este chegue a uma compreensão adequada. Tais experiências não são isentas de perigo, porque representam entre outras coisas a matriz da psicose. Interpretações obstinadas e violentas devem ser evitadas a qualquer preço; da mesma forma um paciente não deveria jamais ser impelido a um desenvolvimento que não se apresente espontaneamente. Se ele se apresentar não deve ser desaconselhado por algum pretexto, a não ser que haja uma possibilidade real de psicose. Para decidir essa questão é necessária uma experiência psiquiátrica profunda na qual sempre deve ser levado em conta que a constelação das imagens e fantasias arquetípicas em si mesmas não é de modo algum patológica. O fator mórbido revela-se apenas no modo pelo qual o indivíduo reage, isto é, no modo pelo qual compreende os temas arquetípicos. A característica da reação patológica é em primeiro lugar a *identificação com o arquétipo* que determina um tipo de inflação ou possessão pelos conteúdos emergentes, cuja irresistibilidade é um desafio a qualquer terapia. A identificação pode transcorrer no melhor dos casos como uma inflação mais ou menos inócua. Em todo caso, a identificação com o inconsciente significa uma certa fragilidade da consciência e nisso reside o perigo. A identificação não é "feita" por nós, não "nos identificamos", mas sofremos inconscientemente o tornar-nos idênticos a um arquétipo, isto é, somos por ele possuídos. Em casos graves é mais importante fortificar previamente o eu do que compreender e assimilar os produtos do inconsciente. A decisão depende do diagnóstico e da sutileza do terapeuta.

Este trabalho representa uma tentativa de abrir os proces- 622
sos interiores do mandala à compreensão intelectual. Estes representam, por assim dizer, retratos das transformações obscuramente sentidas no íntimo, as quais são percebidas pelo "olho interior" e tornadas visíveis com lápis e pincel, tal como se apresentam, incompreendidas e enigmáticas. As pinturas são uma espécie de ideogramas de conteúdos inconscientes. Utilizei evidentemente tal método comigo mesmo e posso constatar que de fato podemos pintar quadros complexos, cujo verdadeiro conteúdo nos é totalmente desconhecido. Enquanto pintamos, o quadro se desenvolve por si mesmo e muitas vezes até contrariando a intenção consciente. É interessante observar como a execução do quadro atravessa de um modo inesperado as expectativas conscientes. A mesma observação pode ser feita – muitas vezes com maior clareza – ao escrevermos sob o ditado da imaginação ativa[185].

185. Representações de natureza casuística encontram-se em MEIER, C.A. *Spontanmanifestationen des kollektiven Unbewussten*; BÄNZIGER. *Persönliches und Archetypisches im Individuationsprozess*; ADLER, G. *Studies in Analytical Psychology*.

623 O presente trabalho pode preencher uma lacuna que percebo na apresentação em geral dos métodos terapêuticos. Apesar de ter falado bastante sobre a imaginação ativa, pouco escrevi sobre ela. Desde 1916 utilizo este método. Em meu livro *O eu e o inconsciente* esbocei-a pela primeira vez. Mencionei o mandala somente em 1929 em: *O segredo da flor de ouro*[186]. Silenciei os resultados desse método por treze anos a fim de não provocar qualquer sugestão, pois queria certificar-me de que essas coisas – sobretudo os mandalas – surgem espontaneamente e não sugeridas por minha própria fantasia. Pude convencer-me, através de meu próprio estudo, de que mandalas foram desenhados, pintados, esculpidos na pedra e construídos em todos os tempos e lugares, muito antes que meus pacientes os descobrissem. Do mesmo modo observei, para minha satisfação, que mandalas foram sonhados e desenhados por pacientes em tratamento com psicoterapeutas que não eram meus alunos. Diante do significado e da importância do símbolo do mandala, precauções especiais me pareciam necessárias, uma vez que este motivo constitui um dos melhores exemplos da eficácia universal de um arquétipo. Mencionei em um *Seminário sobre sonhos infantis* (1939-1940) o sonho de uma menina de 10 anos que realmente não poderia de forma alguma ter ouvido falar de uma quaternidade do divino. O sonho foi escrito por ela mesma e enviado por um conhecido: "*Uma vez vi no sonho um animal que tinha muitos chifres. Com eles, espetava e comia outros animaizinhos. O animal se enroscava a modo de uma cobra e é assim que vivia. Aí apareceu uma névoa azul a partir dos quatro cantos, e ele parou de comer. Aí*

186. A imaginação ativa é mencionada também em [JUNG] *Ziele der Psychotherapie* [§ 101s.]; além de *A função transcendente*. Reproduções de mandalas. *In*: WILHELM & JUNG. *O segredo da flor de ouro*, no capítulo XII de OC 9/1 e em *Psicologia e alquimia*.

chegou o bom Deus, mas eram quatro bons deuses nos quatro cantos. Aí o animal morreu, e todos os animais comidos apareciam novamente vivos".

Este sonho descreve um processo inconsciente de integração. Todos os animais são devorados por aquele único animal. Segue-se a enantiodromia, o dragão transforma-se em pneuma, o qual representa uma quaternidade divina. Segue-se a apocatástase, uma ressurreição dos mortos. Essa fantasia nada infantil só pode ser definida como arquetípica. A senhora X também colocou em sua décima segunda pintura uma coleção de animais dentro do mandala, ou seja, um par de cada um: cobras, tartarugas, peixes, leões, porcos e um único bode e carneiro[187]. A integração reúne o múltiplo em um só. Tanto a criança como a senhora X não conheciam as palavras de Orígenes (falando dos animais de sacrifício): "Procura em ti mesmo esses animais de sacrifício e os encontrarás no teu íntimo, em tua alma. Compreende que dentro de ti mesmo (*intra temetipsum*) tens rebanhos de bois [...], rebanhos de carneiros e rebanhos de cabras [...], compreende que em ti também estão os pássaros do céu. Não te surpreendas ao dizermos que isso está em ti; compreende que és também um segundo pequeno mundo e que em ti estão Sol, Lua e estrelas"[188]. 624

A mesma ideia ressurge em outra passagem, mas agora sob a forma de uma constatação psicológica: "Vê a expressão do rosto daquele que ora está irado, ora triste, e em seguida de novo alegre e outra vez perturbado e de novo tranquilo... Vês que essa pessoa acredita ser *um só* (mas) não é apenas um, pois nele aparecem tantas pessoas quantos 625

187. Pensa-se aqui numa Arca de Noé que atravessa as águas da morte e conduz a um tipo de renascimento da vida.

188. *In Leviticum homiliae*, V, 2.

são os modos de seu comportamento, porque segundo a Escritura também '*insipiens sicut luna mutatur*'[189], o louco muda como a Lua... Imutável é Deus, e por isso é chamado o Uno, porque não se modifica. Assim, o justo seguidor de Deus (*imitator Dei iustus*), criado segundo a imagem de Deus é chamado um e o mesmo (*unus et ipse*), depois de atingir a completitude, porque depois de estabelecer-se no cume da virtude, não mudará mais, permanecendo um só para sempre. Todo aquele, porém, que se encontra na malícia (*malitia*) está dividido em muitos e disseminado em vários. E enquanto permanecer nos múltiplos modos da malícia, ele não poderá ser chamado de Uno"[190].

626 Aqui os vários animais são substituídos por estados afetivos, aos quais o ser humano se encontra exposto. O processo de individuação, claramente sugerido aqui, subordina o múltiplo ao Uno. O Uno, porém, é Deus, ao qual, em nós, corresponde a *imago Dei*, a imagem de Deus. Essa, porém, se expressa no mandala, como já vimos em Jacob Böhme.

---

189. Eclo 27,11: "O tolo muda como a Lua".

190. *In librum regnorum homilia*, I, 4.

O simbolismo do mandala*

Tentarei a seguir representar uma categoria especial de simbolismo, a do mandala, por meio de um grande número de imagens. Já me manifestei várias vezes acerca desse tema e finalmente descrevi e comentei minuciosamente essa espécie de símbolo que ocorreu no decorrer de um tratamento individual no meu livro *Psicologia e alquimia*, 1944. Repeti a tentativa na contribuição precedente deste volume; neste caso os mandalas não provêm de sonhos, mas da imaginação ativa. Na presente exposição publico mandalas das mais variadas proveniências, a fim de fornecer ao leitor, por um lado, uma impressão da espantosa riqueza de formas da fantasia individual e, por outro, possibilitá-lo a fazer uma ideia da ocorrência recorrente dos elementos básicos. 627

Em relação à interpretação devo remeter o leitor à literatura respectiva. Neste trabalho me contentarei com alusões, pois uma explicação mais aprofundada, como mostra o exemplo do mandala descrito em *Psicologia e religião* ou as descrições das investigações preliminares deste volume, levariam muito longe. 628

---

* Publicado pela primeira vez em *Gestaltungen des Unbewussten* (Psychologische Abhandlungen VII). Zurique, Rascher: 1950. As imagens foram reunidas originariamente por C.G. Jung para um seminário realizado em Berlim, em 1930. Nove delas (imagens 1, 6, 9, 25, 26, 28, 36, 37 e 38) foram reproduzidas como "exemplos de mandalas europeus". *In*: WILHELM, R. e JUNG, C.G. *O segredo da flor de ouro* – Um livro de vida chinês. Munique, Dorn Verlag: 1929.

629 "Mandala", em sânscrito, significa *círculo*. Este termo indiano designa desenhos circulares rituais. No grande templo de Madura (sul da Índia) observei sendo feita uma imagem desse tipo. Uma mulher a desenhava no chão do *mandapam* (átrio) com giz colorido. O mandala media três metros de diâmetro. Um pandit que me acompanhava explicou-me que nada podia informar a respeito. Somente as mulheres que traçavam tais imagens o sabiam. A própria desenhista recusou-se a comentar o que fazia. Obviamente não queria ser perturbada em seu trabalho. Mandalas elaborados, executados com argila vermelha, encontram-se também nas paredes externas caiadas de muitas cabanas. Os mandalas melhores e mais significativos são encontrados no âmbito do budismo tibetano[191]. Como exemplo, pode servir o seguinte mandala tibetano[192], cujo conhecimento devo a Richard Wilhelm.

IMAGEM 1

630 Um mandala deste tipo é um assim chamado *yantra*, de uso ritual, instrumento de contemplação. Ele ajuda a concentração, diminuindo o campo psíquico circular da visão, restringindo-o até o centro. Habitualmente o mandala tem três círculos, pintados de preto ou de azul-escuro, os quais devem excluir o exterior e manter coeso o interior. Quase que regularmente a beirada externa é de fogo, isto é, do fogo da *concupiscentia*, do desejo, do qual provêm os tormentos do inferno. Quase sempre são representados na beirada mais externa os horrores do sepultamento. Em direção ao interior há uma coroa de folhas de lótus, que caracteriza o todo

191. Cf. *Psicologia e alquimia* [§ 122s.].

192. Do China-Institut em Frankfurt.

como um *padma*, flor de lótus. Dentro há um tipo de pátio de mosteiro com quatro pórticos. Este significa o sagrado isolamento e concentração. No interior deste pátio encontram-se em geral as quatro cores básicas: vermelho, verde, branco e amarelo, representando os quatro pontos cardeais e ao mesmo tempo as funções psíquicas, conforme mostra o *Bardo Tödol*[193] tibetano. Segue-se o centro, usualmente, mais uma vez separado por um círculo mágico, como objeto essencial ou meta da contemplação.

Este centro é tratado de diversas maneiras, de acordo com as exigências rituais ou o grau de iniciação do contemplativo ou da orientação da seita. Em geral representa-se Shiva em suas emanações criadoras do mundo. Segundo a doutrina tântrica é o uno existente, o atemporal em seu estado perfeito. A criação começa, pois, com Shiva não expandido, sob a forma de ponto – designado por Shiva-bindu – aparece no externo amplexo de seu lado feminino, isto é, do feminino em geral, da Shakti. Então ele sai do estado do ser-em-si para atingir o estado do ser-para-si, utilizando a linguagem hegeliana. 631

No simbolismo da ioga kundalini, Shakti é representada como serpente que se enrosca três vezes em torno do linga, isto é, Shiva sob a forma do falo. Essa é a representação da *possibilidade* das manifestações do espaço. De Shakti procede Maya, o material de construção de todas as coisas individuais desdobradas; assim sendo, ela é a geradora do mundo concreto. Este é considerado uma ilusão, um ser não ser. Ela é e, no entanto, permanece guardada em Shiva. A criação começa, pois, com um ato de cisão dos opostos que são unidos na deidade. Da tensão entre 632

193. [Cf. JUNG. Psychologischer Kommentar zum Bardo Tödol. *In*: *Das tibetanischer Tötenbuch*, § 850.]

eles surge como uma gigantesca explosão de energia, a multiplicidade do mundo.

633 A meta da contemplação dos processos representados no mandala é que o iogue perceba (interiormente) o deus, isto é, pela contemplação ele se reconhece a si mesmo como deus, retornando assim da ilusão da existência individual à totalidade universal do estado divino.

634 Como já foi dito, mandala significa círculo. Há muitas variações do tema aqui representado, mas todas se baseiam na quadratura do círculo. Seu tema básico é o pressentimento de um centro da personalidade, por assim dizer, um lugar central no interior da alma, com o qual tudo se relaciona e que ordena todas as coisas, representando ao mesmo tempo uma fonte de energia. A energia do ponto central manifesta-se na compulsão e ímpeto irresistíveis de tornar-se o que se é, tal como todo organismo é compelido a assumir aproximadamente a forma que lhe é essencialmente própria. Este centro não é pensado como sendo o eu, mas, se assim se pode dizer, como o si mesmo. Embora o centro represente, por um lado, um ponto mais interior, a ele pertence também, por outro lado, uma periferia ou área circundante, que contém tudo quanto pertence ao si mesmo, isto é, os pares de opostos que constituem o todo da personalidade. A isso, em primeiro lugar, pertence a consciência, depois o assim chamado inconsciente pessoal, e finalmente um segmento de tamanho indefinido do consciente coletivo, cujos arquétipos são comuns a toda humanidade. Alguns deles estão incluídos permanente ou temporariamente no âmbito da personalidade e adquirem, por meio desse contato, uma marca individual, como por exemplo – para mencionar algumas das figuras conhecidas – a sombra, o *animus* e a *anima*. O si mesmo, apesar de ser simples, por um lado, é,

por outro, uma montagem extremamente complexa, uma *conglomerate soul*, para usar a expressão indiana.

A literatura lamaica dá prescrições muito pormenorizadas sobre como deve ser pintado um círculo desse tipo e como utilizá-lo. Forma e cores são estabelecidas pela tradição, motivo pelo qual as variações se movem dentro de limites relativamente estreitos. Na verdade, o uso ritual do mandala não é budista; em todo caso ele é desconhecido no budismo original do hinayana, aparecendo somente no budismo mahayana. 635

O mandala apresentado aqui (imagem 1) descreve o estado de uma pessoa transportada, a partir da contemplação, a um estado absoluto. É por isso que neste mandala faltam as representações do inferno e dos horrores do lugar do sepultamento. O belemnite (pedra sagitiforme) diamantino, o dorje no centro, manifesta o estado perfeito da união do masculino e do feminino. O mundo das ilusões desapareceu definitivamente. Todas as energias concentraram-se novamente no estado inicial. 636

Os quatro belemnites nos pórticos do pátio interno parecem sugerir que a energia vital flui para dentro; desprendeu-se dos objetos e volta ao centro. Quando é atingida a perfeita união de todas as energias nos quatro aspectos da totalidade cria-se um estado estático, que não está mais sujeito a qualquer mudança. Na alquimia chinesa este estado é denominado "corpo de diamante"; ele corresponde ao *corpus incorruptibile* da alquimia medieval que é idêntico ao *corpus glorificationis* na acepção cristã, isto é, ao corpo incorruptível da ressurreição. Este mandala mostra assim a união de todos os opostos, colocada entre yang e yin, entre céu e terra, o estado do eterno equilíbrio e, consequentemente, da duração imutável. 637

638 Para os nossos propósitos psicológicos mais modestos, temos que abandonar, porém, essa linguagem metafísica e colorida do Oriente. O que a ioga busca com esse exercício é sem dúvida uma transformação psíquica do adepto. O eu é expressão da existência individual. Neste exercício ritual, o iogue troca seu eu por Shiva ou Buda; produz, portanto, uma transposição muito significativa do centro psicológico do eu pessoal para o não eu impessoal, que agora é experimentado como o verdadeiro "fundo do ser" da personalidade.

639 Nesse contexto, quero mencionar uma concepção chinesa similar, isto é, o sistema no qual se baseia o *I Ching*.

IMAGEM 2

640 No centro está o ch'ien, o céu do qual procedem as quatro emanações, como forças celestes que se expandem no espaço.

ch'ien: energia autogeradora criativa, correspondente a Shiva

heng: força que permeia tudo

yuen: força geradora

li: força benéfica

ching: força inalterável determinante

641 Em torno deste centro masculino de força estende-se a terra com seus elementos configurados. É a mesma ideia da união Shiva-Shakti na ioga kundalini, mas que é representada como espaço da terra, recebendo em si a força criativa do céu. Da união de ch'ien (céu) com kun, o feminino, surge a *tetraktys* que está à base de todo ser (como em Pitágoras).

642 O "mapa do rio" é um dos fundamentos legendários do *I Ching*, o Livro das Mutações, o qual em sua presente forma

data em parte do século XII a.C. Segundo a lenda, um dragão trouxe do fundo de um rio os sinais mágicos do "mapa do rio". Nestes, os sábios descobriram o desenho e dentro dele as leis da ordem do mundo. A representação aqui mostrada se caracteriza, de acordo com a sua longa idade, por cordões com nós, significando números. Tais números têm o caráter primitivo usual de qualidades, principalmente masculinas e femininas. Todos os números ímpares são masculinos; ao passo que os números pares são femininos.

Infelizmente desconheço se essa concepção primitiva da 643
filosofia chinesa influenciou ou não a formação dos mandalas tântricos muito mais recentes. Os paralelos, porém, saltam à vista, de modo que o investigador europeu deve interrogar-se que concepção influenciou a outra: A chinesa proveio da indiana, ou essa proveio da chinesa? Um indiano a quem interroguei respondeu-me: "Naturalmente, a chinesa surgiu da indiana". Mas não sabia determinar a antiguidade das concepções chinesas. As raízes do *I Ching* remontam ao terceiro milênio antes de Cristo. Meu falecido amigo Richard Wilhelm, eminente conhecedor da filosofia clássica chinesa, era da opinião de que não havia provavelmente qualquer conexão direta entre ambas. Apesar da similaridade fundamental das ideias simbólicas, não é necessário haver uma influência direta, uma vez que as ideias, como a experiência mostra e como acredito ter demonstrado, sempre surgem independentes umas das outras, de modo autóctone, a partir de uma matriz anímica geral.

IMAGEM 3

Em contrapartida ao mandala lamaicano, reprodu- 644
zo a "roda do mundo" tibetana que deve ser estritamente diferenciada da anterior. A roda é uma representação do

mundo. No centro encontram-se os três princípios: galo, serpente e porco, simbolizando a luxúria, a inveja e a inconsciência. Ela tem perto do centro seis raios e mais externamente doze raios. Baseia-se no sistema triádico. A roda é sustentada pelo deus da morte, Yama. (Mais tarde encontraremos outros "sustentadores de escudo": imagens 34 e 47.) É compreensível que o mundo padecente da velhice, da doença e da morte se encontre nas garras do demônio da morte. O estado incompleto do ser é significativamente expresso por um sistema triádico, ao passo que o estado completo (espiritual) o é por um sistema tetrádico. A relação do ser incompleto com o completo corresponde, portanto, a uma *proportio sesquitertia*, isto é, 3:4. Essa relação é conhecida na tradição alquímica ocidental como Axioma de Maria. No simbolismo onírico também desempenha um papel considerável[194].

645 Passemos agora aos mandalas individuais, tais como são produzidos espontaneamente por pacientes e analisandos no decorrer da conscientização do inconsciente. Ao contrário dos que acabamos de comentar, eles não se baseiam em qualquer tradição e modelo, na medida em que parecem representar criações livres da fantasia que, no entanto, são determinadas por certos pressupostos arquetípicos, desconhecidos por parte de seus autores. Por isso os temas importantes em princípio repetem-se tantas vezes que semelhanças evidentes aparecem em desenhos dos mais diversos autores. Os quadros são feitos em geral por pessoas cultas, que não tinham conhecimento dos paralelos étnicos em questão. Conforme o estágio do processo terapêutico, os quadros apresentam grandes

194. Cf. § 252 de OC 9/1.

variações. No entanto, certos motivos correspondem a determinadas etapas importantes do processo. Sem entrar em pormenores da terapia, quero apenas dizer que se trata de uma nova ordenação da personalidade, de certo modo de uma nova centralização. Por este motivo os mandalas aparecem de preferência depois de estados de desorientação, pânico ou caos psíquico. Sua meta, pois, é a de transformar a confusão numa ordem, sem que tal intenção seja sempre consciente. Em todo caso, os mandalas expressam ordem, equilíbrio e totalidade. Frequentemente os pacientes ressaltam o efeito benéfico ou tranquilizador de uma tal imagem. Em geral, representações e pensamentos religiosos, isto é, numinosos ou então ideias filosóficas se exprimem através dos mandalas. Eles possuem quase sempre um caráter intuitivo irracional e atuam de novo retroativamente sobre o inconsciente através de seu conteúdo simbólico. Tem, por conseguinte, em sentido figurado, um significado e efeito "mágicos", tal como os ícones eclesiásticos, cuja eficácia jamais é totalmente percebida pelos pacientes. Estes descobrem depois, mediante o efeito de seus próprios quadros, o que os ícones podem significar. Os quadros não têm eficácia porque provêm de sua própria imaginação, mas porque os pacientes ficam impressionados com os motivos e símbolos inesperados os quais são produzidos por sua fantasia subjetiva, de acordo com certas leis, exprimindo uma ideia e situação, as quais sua consciência só apreende com muita dificuldade. Em muitas pessoas surge de um mandala pela primeira vez a realidade do inconsciente coletivo como uma grandeza autônoma. Mas não quero estender-me muito sobre este assunto. Em certos quadros podemos fazer finalmente a leitura da intensidade da impressão ou da emoção.

646 Anteciparei algumas observações acerca dos elementos formais dos símbolos do mandala antes de prosseguir. Trata-se principalmente de:

1. Forma circular, esférica ou oval.
2. A figura circular é elaborada como flor (rosa, lótus, *padma* em sânscrito) ou como roda.
3. Um centro é figurado pelo Sol, estrela, cruz, em geral de quatro, oito ou doze raios.
4. Os círculos, esferas e figuras cruciformes são frequentemente representadas em rotação (suástica).
5. O círculo é representado por uma serpente enrolada circularmente (uróboro) ou espiralada (ovo órfico) em torno do centro.
6. A quadratura do círculo, como círculo dentro de um quadrado ou vice-versa.
7. Castelo, cidade, pátio (*temenos*) quadrado ou circular.
8. Olho (pupila e íris).
9. Ao lado das figuras tetrádicas (ou em múltiplos de quatro) aparecem também, mas muito mais raramente, formas triádicas ou pentagonais. Essas últimas devem ser consideradas como imagens da totalidade "perturbada", como veremos adiante.

IMAGEM 4

647 O mandala foi feito por uma paciente de meia-idade, que tinha visto este desenho (imagem 4) pela primeira vez em um sonho. A diferença entre este mandala e os orientais salta imediatamente à vista. Ele é essencialmente mais pobre no tocante à forma e à ideia, mas exprime a atitude individual da autora de forma incomparavelmente mais clara do

que as imagens orientais, as quais se configuraram segundo uma tradição coletiva. O sonho em questão é o seguinte: "*Eu estava tentando decifrar uma amostra de um bordado difícil. Minha irmã sabe como fazê-lo. Pergunto se ela debruara um lenço. Ela responde: 'Não, mas eu sei como se faz'. Depois vejo o lenço com o desenho pespontado, mas o trabalho ainda não está feito. Devemos andar muitas vezes em torno (a partir da periferia), até aproximar-nos do quadrado central, onde passamos a caminhar em círculos*".

A espiral com as cores típicas: vermelho, verde, amarelo e azul. Pelas indicações da paciente, o quadrado central representa uma pedra que tem as quatro cores básicas em suas facetas. A espiral no segmento interior é a representação da serpente, a qual, como a kundalini, enrosca-se três vezes e meia[195] em torno do centro. 648

A própria sonhadora não tinha a menor ideia do que estava ocorrendo em seu íntimo, isto é, o começo de uma nova orientação; ela nem poderia compreendê-lo conscientemente. Além disso, os paralelos com o simbolismo oriental lhe eram totalmente estranhos, de modo que essa influência devia ser totalmente descartada. A representação simbólica nela surgiu espontaneamente, no instante em que chegou a determinado ponto de seu desenvolvimento. 649

Infelizmente não é possível dizer de modo exato, neste contexto, em que circunstâncias psíquicas os quadros foram criados. Isso nos levaria muito longe. A intenção deste ensaio é apenas a de dar um apanhado geral acerca dos paralelos formais dos mandalas individuais ou coletivos. Assim não podemos interpretar pormenorizadamente e de modo 650

195. O tema 3 1/2 (o número apocalíptico dos tempos de calamidade, por exemplo, Ap 11,9 e 11) refere-se ao dilema alquímico: 3 ou 4?, ou melhor, à *proportio sesquitertia* (3:4). Sesquitertius é 3 + 1/3.

profundo cada imagem particular. Seria necessário para isso uma explanação vasta da situação analítica momentânea da paciente. Sempre que é possível iluminar o surgimento de um quadro através de uma alusão simples, como no caso presente, isso será feito.

651 No que diz respeito à interpretação do quadro, deve ser ressaltado que a serpente primeiro disposta em ângulos e depois circularmente em torno do centro significa a circum-ambulação em torno do meio e o caminho para ele. A serpente, enquanto ser ctônico e ao mesmo tempo espiritual, representa o inconsciente. ("Um bom homem em seu impulso obscuro está por certo consciente do caminho correto"[196].) A pedra no centro, presumivelmente um cubo, corresponde à forma quaternária da *lapis philosophorum*. As quatro cores pertencem também a este âmbito[197]. Vê-se por aí que a pedra representa neste caso o novo centro da personalidade, isto é, o si-mesmo. Não raro, este também é representado pelo vaso (alquímico).

IMAGEM 5

652 A autora é uma mulher de meia-idade com predisposição para a esquizofrenia. Muitas vezes pintou mandalas espontaneamente, pois estes sempre tinham um efeito ordenador sobre os seus estados psíquicos caóticos. A imagem representa uma rosa que equivale no Ocidente à flor de lótus. Na Índia a flor de lótus (*padma*) é o colo feminino segundo a interpretação tântrica. Conhecemos este símbolo

---

196. [*Fausto*, Primeira parte, Prólogo no céu].

197. Há um paralelo indiano muito interessante a esse mandala: uma serpente branca, que se enroscou em torno de um centro dividido em cruz e de quatro cores. NEWCOMB & REICHARD. *Sandpaintings of the Navajo Shooting Chant*, quadro XIII, p. 13 e 87. A obra contém um grande número de mandalas interessantes executados em cores.

pelas inúmeras representações de Buda (e de outros deuses indianos) na flor de lótus[198]. Essa representação corresponde à "flor de ouro" dos chineses, à rosa dos rosa-cruzes e à rosa mística no *Paradiso* de Dante. A rosa e a flor de lótus são em geral dispostas em quatro raios, o que indica a quadratura do círculo, isto é, a união dos opostos. O significado da rosa ou da flor como seio materno também não foi estranho aos místicos ocidentais; uma prece inspirada na *Ladainha Lauretana* diz:

> Ó coroa de rosas, teu florescer derrama nos homens o pranto da alegria.
> Ó Sol de rosas, despertas o amor no humano coração.
> Ó filho do Sol,
> Ó filho da Rosa, Ó Sol radioso.
> Flor da cruz, acima de todo florescer e ardor, desabrochas na pureza do seio da Rosa consagrada, Maria[199].

Ao mesmo tempo, o tema do vaso (alquímico) é um modo de expressar o conteúdo, à semelhança de Shakti que representa a realização de Shiva. Como revela a alquimia, o si mesmo é um andrógino, constituído de um princípio masculino e um feminino. Conrado de Würzburg fala de Maria, a flor no mar, que Cristo encerra em si. Em um antigo hino da Igreja lemos: 653

> Sob todos os céus ergue-se uma rosa
> sempre em plena floração,
> sua luz brilha na Trindade,
> e Deus com ela se reveste[200].

198. O filho de Hórus egípcio também é representado sentado sobre a flor de lótus. 9. [Não pude localizar essa fonte.]

199. [Não pude localizar essa fonte.]

200. [Não pude localizar essa fonte.]

IMAGEM 6

654 A rosa no centro é representada como um rubi, cuja circunferência foi concebida como uma roda ou um muro circundante com pórticos (a fim de que o que está dentro não saia e nada de fora possa entrar). O mandala é um produto espontâneo da análise de um homem. Baseia-se num sonho: *O sonhador encontra-se em Liverpool com três companheiros de viagem mais jovens*[201]. *É noite e chove. O ar está enfumaçado e cheio de fuligem. Eles sobem do porto para a "cidade alta". O sonhador diz: "Está terrivelmente escuro e desagradável, mal se pode suportar. Falamos sobre isso, e um dos meus companheiros conta que um de seus amigos, por estranho que pareça, resolveu estabelecer-se aqui, o que nos espanta. Conversando, chegamos a um tipo de 'jardim público' que fica no centro da cidade. O parque é quadrado e em seu centro há um lago, ou melhor, uma grande lagoa; acabamos de chegar a ela. Algumas lanternas de rua mal iluminam a escuridão de breu. Vejo, porém, na lagoa uma ilhota. Há uma única árvore no lugar, uma magnólia de flores avermelhadas, que miraculosamente se encontra sob uma eterna luz solar. Verifico que meus companheiros não veem esse milagre; começo então a compreender o homem que se estabeleceu neste lugar".*

655 O sonhador diz: "Tentei pintar este sonho, mas, como de costume, saiu algo bem diferente. A magnólia tornou-se um tipo de rosa de vidro e sua cor era de um rubi claro. Ela brilha como uma estrela de quatro raios. O quadrado representa o muro que cerca o parque e ao mesmo tempo uma rua que circunda o parque quadrado. Neste começam quatro ruas principais e de cada uma saem oito ruas secundárias, as quais se encontram num ponto central de brilho

201. Observe-se a insinuação deste nome: *Liverpool* = *Leber-Teich* (lagoa do fígado). Fígado é a sede da vida.

avermelhado, à semelhança da Étoile de Paris. O conhecido mencionado no sonho mora em uma casa de esquina, numa dessas Étoiles". O mandala reúne, pois, os temas clássicos: flor, estrela, círculo, praça cercada (*temenos*), planta de bairro de uma cidade com uma cidadela. "O todo me parece uma janela que se abre para a eternidade", escreve o sonhador.

IMAGEM 7

Tema floral com uma cruz no centro. O quadrado 656
também está disposto a modo de uma flor. Os quatro rostos nos cantos representam os quatro pontos cardeais, os quais historicamente são muitas vezes representados como quatro deuses. Aqui eles têm um caráter demoníaco. Isso pode ligar-se ao fato de a paciente ter nascido nas Índias Holandesas, onde mamou com o leite da ama nativa a demonologia da região. Seus inúmeros desenhos tinham um caráter nitidamente oriental e assim a ajudaram a assimilar influências que a princípio não se conciliavam com a mentalidade ocidental.

Na imagem seguinte, da mesma autora, rostos seme- 657
lhantes aparecem nas oito direções. O caráter floral do conjunto oculta ao observador superficial o demoníaco que deve ser conjurado pelo mandala. A paciente sentia que o efeito demoníaco provinha da influência europeia, com seu moralismo e racionalismo. Criada na Índia até os 6 anos, conviveu mais tarde com europeus convencionais, o que teve um efeito devastador sobre a delicadeza de flor de seu espírito oriental, causando-lhe um trauma psíquico persistente. No tratamento, seu mundo originário emergiu novamente com esses desenhos e isso determinou sua cura anímica.

IMAGEM 8

658 O tema floral vai se desdobrando e se impõe ao tomar o espaço das caretas.

IMAGEM 9

659 Essa ilustração exprime um estado mais tardio. O cuidado minucioso do desenho compete com a riqueza de cor e forma. Reconhece-se através deles não só a extraordinária concentração da desenhista como também a vitória do "ornamento floral" do Oriente sobre o intelectualismo, racionalismo e moralismo demoníacos do Ocidente. Ao mesmo tempo torna-se visível o novo centramento da personalidade.

IMAGEM 10

660 Neste desenho de outra paciente jovem vemos nos quatro pontos cardeais cabeças bizarras, representando um pássaro, um carneiro, uma serpente e uma cabeça antropomórfica de leão. Juntamente com as quatro cores com que são pintadas as quatro regiões, são corporificados quatro princípios. O interior é vazio. Ele abriga o nada, expresso através de uma quaternidade. Isso concorda com a multiplicidade preponderante dos mandalas individuais: em regra geral encontra-se no centro o tema do "*rotundum*", do redondo, que conhecemos na alquimia, ou a emanação quádrupla, ou a quadratura do círculo ou, mais raramente, a própria forma humana em seu sentido geral, isto é, como *Anthropos*. Encontramos esse tema também na alquimia[202]. Os quatro

202. Cf. minhas explanações em *Psicologia e religião*.

animais lembram os querubins da visão de Ezequiel, bem como os símbolos dos quatro evangelistas e os quatro filhos de Hórus, os quais também podem ser representados de forma semelhante, isto é, três com cabeças de animais e um com cabeça humana. Os animais significam em geral as forças instintivas do inconsciente que se concentram numa unidade no mandala. Essa integração dos instintos constitui uma condição prévia da individuação.

IMAGEM 11

Neste mandala de uma paciente mais idosa vê-se a flor 661
não embaixo, mas no alto. A forma circular foi preservada dentro do quadrado através das linhas diretrizes do desenho, de modo que este deve ser visto como mandala apesar de sua singularidade. A planta representa o crescimento, isto é, o desenvolvimento, à semelhança do broto verde no chacra do diafragma do sistema kundalini tântrico, o qual significa Shiva. Ele representa o centro e o masculino, ao passo que o cálice da flor representa o feminino, local da germinação e do nascimento[203]. Assim Buda é representado como o deus em germinação, porquanto está sentado na flor de lótus. Ele é o deus nascente, o mesmo símbolo de Rá como falcão, a fênix que se eleva do ninho, Mitra na copa da árvore, ou o filho de Hórus dentro da flor de lótus. Todos eles são representações do *status nascendi* no lugar germinativo do solo materno. Nos hinos medievais, Maria também é louvada como cálice de flor, sobre o qual desce Cristo como pássaro, nele repousando em aconchego. Psicologicamente, Cristo significa a unidade, a qual se revela através do corpo da Mãe de Deus, ou do corpo místico da Igreja, como que

203. Cf. WILHELM & JUNG. *O segredo da flor de ouro.*

envolto em pétalas de flor, manifestando-se assim na realidade. Cristo, como ideia, é um símbolo do si-mesmo[204]. Tal como a planta representa o crescimento, a flor manifesta o desabrochar a partir de um centro.

IMAGEM 12

662 Aqui os quatro raios que emanam do centro atravessam o quadro inteiro. Isso confere ao centro um caráter dinâmico. A estrutura de flor é um múltiplo de quatro. O quadro é característico da personalidade marcante da autora que possui um certo talento artístico. (A imagem 5 foi criada pela mesma pessoa.) Além disso, ela é especialmente dotada de um sentido místico cristão que representa um grande papel em sua vida. Para ela era muito importante vivenciar o cenário arquetípico dos símbolos cristãos.

IMAGEM 13

663 Fotografia de um tapete feito por uma mulher de meia-idade, em um período de grande aflição interna e externa, à maneira do tecido de Penélope. Trata-se de uma médica que, num trabalho diligente, diário, que durou meses, teceu este círculo mágico como contrapeso às dificuldades de sua vida. Não era paciente minha, sendo, portanto, impossível ter sofrido a minha influência. O tapete contém uma flor de oito pétalas. Sua peculiaridade é ter verdadeiramente um "em cima" e um "embaixo". Em cima há luz, embaixo um relativo escuro. Dentro deste encontra-se uma espécie de escaravelho, representando um conteúdo inconsciente, comparável à situação do Sol nascente como Khepri. Não raro,

204. Cf. *Aion*, cap. 5.

o "em cima" e o "embaixo" encontram-se fora do círculo protetor e não dentro dele. Em casos semelhantes o mandala oferece proteção contra os opostos extremos, isto é, toda a agudeza do conflito ainda não é reconhecida ou sentida como insuportável. O círculo protetor guarda contra um possível rompimento através da tensão entre os opostos.

IMAGEM 14

O desenho seguinte é uma representação indiana do ponto-Shiva (*Shiva-bindu*). Ele mostra a força divina antes da criação, nos opostos ainda unidos. Deus repousa no ponto. A serpente em torno significa a expansão, a mãe do vir-a-ser, a configuração do mundo das formas. Na Índia, este ponto também é designado por *Hiranyagarbha*, o germe de ouro ou ovo dourado. Lemos no *Sanatsugâtîya*: "A grande luz pura que é radiante; a magnificência que os deuses verdadeiramente veneram, que faz o Sol brilhar mais intensamente – este ser eterno e divino é percebido pelo fiel. Ela é vista por um homem que fez votos supremos"[205]. 664

IMAGEM 15

Este quadro, feito por uma mulher de meia-idade, representa a quadratura do círculo. As plantas indicam novamente o que germina e cresce. No centro há um sol. Como mostra a serpente e o tema da árvore, trata-se de uma representação do paraíso. Um paralelo deste é a ideia do Éden com os quatro rios do paraíso na gnose *naassena*. Para entender o significado funcional da serpente em relação ao mandala, veja os comentários anteriores neste volume[206]. 665

205. *Sacred Books of the East* VIII, p. 186.

206. [Comentário às imagens 3, 4 e 5].

IMAGEM 16

666 A autora deste quadro é uma mulher neurótica relativamente jovem. A representação da serpente é algo incomum, na medida em que se encontra no próprio centro, e sua cabeça com ele coincide. Normalmente ela se encontra fora do círculo interior, ou pelo menos enrolada em torno do ponto central. Há uma suspeita fundada de que no interior escuro não se esconda a unidade buscada, o si-mesmo, mas a natureza (velada) ctônica feminina da paciente. Em um quadro posterior da mesma paciente, o mandala explode e a serpente vem para fora.

IMAGEM 17

667 O quadro foi feito por uma jovem. Este mandala é "legítimo" na medida em que a serpente está enrolada em torno do ponto central de quatro raios. Ela move-se para fora: trata-se do despertar da kundalini, isto é, a natureza ctônica torna-se ativa, o que também é indicado pelas flechas que apontam para fora. Praticamente, isso significa uma conscientização da natureza instintiva. A serpente personifica há muito tempo os gânglios da coluna e da medula. Pontas dirigidas para fora podem significar o contrário em outros casos, isto é, a defesa externa do interior em perigo.

IMAGEM 18

668 O quadro é de uma paciente mais idosa. Contrariamente ao anterior, este é "introvertido". A serpente enrola-se em torno do centro de quatro raios com a cabeça colocada no ponto central branco (= Shiva-bindu), de modo a parecer um halo. É como se se tratasse de uma incubação do ponto central, isto é, do tema da serpente guardiã do tesouro. O

centro é frequentemente caracterizado como o "tesouro difícil de alcançar"[207].

IMAGEM 19

Mulher de meia-idade. Os círculos concêntricos exprimem "concentração". Isso ainda é sublinhado pelos peixes que circm-ambulam em relação ao centro. O número 4 tem o significado de concentração "total". A direção para a esquerda mostra presumivelmente o movimento em direção ao inconsciente, portanto, a "imersão" no mesmo. 669

IMAGEM 20

É um paralelo à imagem 19, constituindo uma representação do tema do peixe que pude ver no teto da luxuosa tenda do Marajá, em Benares (um esboço). 670

IMAGEM 21

O peixe ocupa aqui o lugar da serpente (peixe e serpente são ao mesmo tempo atributos simbólicos de Cristo e do demônio!). No mar do inconsciente ele gera um redemoinho em cujo centro deve surgir a pérola. O movimento é também sinistrogiro. Um hino do *Rigveda* diz: 671

> Coberto de trevas estava o mundo,
> Um oceano sem luz – perdido na noite;
> Então o que na casca se ocultava
> Nasceu: o Uno mediante força e tormento de paixão.
> Dele surgiu no início o Amor: Germe – semente do saber...[208]

207. Cf. *Símbolos da transformação*. Segunda parte, cap. 7.

208. DEUSSEN. *Die Geheimlehre des Veda*, p. 3.

672 A serpente personifica em geral o inconsciente, ao passo que o peixe representa um conteúdo desse inconsciente. Tais diferenças, embora sutis, devem ser levadas em conta na interpretação de um mandala, pois os dois símbolos correspondem provavelmente a duas etapas diversas do desenvolvimento: a serpente representaria um estado mais primitivo e instintivo do que o peixe, ao qual corresponde também historicamente uma autoridade superior à da serpente (símbolo ictílico!).

IMAGEM 22

673 Neste quadro de uma jovem, o peixe produziu um centro diferenciado, no qual aparecem mãe e filho diante de uma árvore estilizada da vida e do nascimento (paraíso). O peixe aqui se assemelha a um dragão; é, pois, um monstro da espécie de um Leviatã, o qual originariamente era uma serpente como indicam os textos de *Ras Shamra*. O movimento aqui é também sinistrogiro.

IMAGEM 23

674 A bola de ouro corresponde ao germe de ouro (*hiranyagarbha*). Ela está em rotação e a kundalini que enrosca em torno duplica-se. Isso indica a conscientização na medida em que um conteúdo, ao emergir do inconsciente, em dado momento se decompõe em duas metades idênticas, uma das quais é consciente e a outra, inconsciente. A duplicação não é operada pela consciência, mas surge espontaneamente nos produtos do inconsciente. Outro indício da conscientização é o movimento dextrogiro da rotação, expresso através de asas (tema da suástica). As estrelas caracterizam o ponto central da estrutura cósmica. O mandala que tem

quatro raios comporta-se como um corpo celeste. O *Shathapatha – Brâhmana* diz: "Ele olha para cima, em direção ao sol, pois esta é a meta final, o refúgio seguro. Assim, pois, ele vai rumo à meta final, a esse refúgio: por este motivo ele olha para cima, em direção ao Sol. (16.) Ele olha para cima, com as palavras: 'Tu és autoexistente, o melhor raio de luz!' O sol é realmente o melhor raio de luz, e por isso diz: 'Tu és autoexistente, o melhor raio de luz. És doador de luz: dá-me luz!', assim falo eu, disse *Yâgñavalkya*, 'pois é para essa meta que o brâmane deve tender, para ser iluminado por Brahma'. (17.) Então ele se volta da esquerda para a direita com as palavras 'Eu me movo, seguindo o percurso do Sol', tendo alcançado essa meta final, esse refúgio seguro, ele se move agora, seguindo o percurso daquele (Sol)"[209].

Deste sol são mencionados sete raios. Um comenta- 675
rista observa que quatro apontam para os quatro pontos cardeais; um para cima, outro para baixo; e o sétimo, "o melhor" deles aponta para dentro. É ao mesmo tempo o disco do sol, chamado *hiranyagarbha*[210]. *Hiranyagarbha* é, segundo o comentário de Ramanuja aos *Vedanta Sûtras* (II, 4,17), o Eu Supremo, o "agregado coletivo de todas as almas individuais". Ele é o corpo do Brahma supremo e representa a alma coletiva. Em relação à ideia do si-mesmo como um

209. [1, 9, 3, 15s. (*Sacred Books of the East* XII, p. 271s.): "He then looks up to the sun, for that is the final goal, that the safe resort. To that final goal, to that resort he thereby goes: for this reason he looks up to the sun (16). He looks up, with the text... 'Self-existent art thou, the best ray of light'! The sun is indeed the best ray of light, and therefore he says, 'Self--existent art thou, the best ray of light'. 'Light-bestowing art thou: give me light (varkas)'! ' so say I', said Yâgñavalkya, 'for at this indeed the Brahmana should strive, that he be brahmavarkasin' (iluminado por Brahma)... (17). He then turns (from left to right), with the text... 'I move along the course of the sun', having reached that final goal, that safe resort, he now moves along the course of that (sun)".]

210. *Op. cit.*

composto de muitos, compare-se "cada um de nós não é um, mas muitos", e "todos os justos são um, aquele que obteve a palma" em Orígenes[211].

676 A autora é uma mulher de 70 anos, com dons artísticos. O processo de individuação desencadeado pelo tratamento, que esteve bloqueado por muito tempo, mobilizou sua atividade criativa (o quadro 21 é da mesma fonte), dando oportunidade ao surgimento de uma série de quadros bem-sucedidos e de cores alegres, os quais exprimem eloquentemente a intensidade da vivência.

IMAGEM 24

677 Trata-se da mesma autora. A contemplação, isto é, a concentração rumo ao centro, é praticada por ela mesma. *Ela* tomou o lugar do peixe e da serpente. Uma imagem ideal dela mesma dispôs-se em torno do ovo precioso. As pernas são flexíveis (sereia!). A psicologia de uma imagem como essa não é estranha à tradição da Igreja. O que no Oriente é Shiva e Shakti, no Ocidente corresponde a *vir a femina circumdatus*, isto é, ao Cristo e sua noiva Igreja; compare-se também o *Maîtrâyana – Brâhmana – Upanixade*: "Ele (o si-mesmo) também é o que aquece, o Sol, oculto pelo ovo dourado dos mil olhos, como um fogo por outro. Devemos meditar nele, procurá-lo. Depois de despedir-se de todos os seres vivos, depois de ir para a floresta, renunciando a todos os objetos sensuais, o homem poderá perceber o si-mesmo em seu próprio corpo"[212].

---

211. ["Unusquisque nostrum non est unus, sed est multi", e "Omnes justi unus est qui accipit palmam" (*In libros regnorum homiliae*, 1, 47)].

212. [Homem cercado pela mulher. – He (the Self) is also he who warms, the Sun, hidden by the thousand-eyed golden egg, as one fire by another. He is to be thought after, he is to be sought after. Having said farewell to all living beings, having gone to the forest, and having renounce dall sensuous objects, let man perceive the Self from his own body.

Aqui também é sugerida uma radiação provinda do meio, que ultrapassa o círculo protetor e atinge o distante. Isso expressa a ideia de um efeito à distância do estado introvertido da consciência. Também se poderia entendê-lo como uma conexão inconsciente com o mundo. 678

IMAGEM 25

De outra paciente de meia-idade é essa imagem. Ela representa várias fases do princípio de individuação. Embaixo, encontra-se enroscada num emaranhado ctônico de raízes (= *Muladhara* na ioga kundalini). No centro, ela estuda um livro, cultiva sua inteligência multiplicando saber e consciência. Em cima, ela recebe como "*renata*" a iluminação sob a forma de uma esfera celeste, que amplia e liberta a personalidade e cuja forma redonda representa de novo o mandala, em seu aspecto "Reino de Deus"; o mandala de baixo, em forma de roda, é de natureza ctônica. Trata-se de um confronto da totalidade natural e espiritual. O mandala é incomum devido à sua estrutura de seis raios (seis picos de montanhas, seis pássaros, três figuras humanas). Além disso, ele se encontra nitidamente entre um alto e um baixo, que se repetem no próprio mandala. A esfera superior é clara e desce para uma estrutura senária (de seis unidades), ou seja, ternária, sendo que já transpôs o cimo da roda. Segundo uma antiga tradição, o número 6 significa criação e devir, uma vez que representa uma *coniunctio* de dois e três (2 × 3), (par e ímpar = feminino e masculino). Filo Judeu chama o *senarius* (6) de "*numerus generationi aptissimus*" (o número mais apropriado para a geração"[213]). Segundo uma concepção antiga[214] o número 3 representa a superfície, o 679

213. *De opificio mundi*, p. 2.

214. *Op. cit.*, p. 79.

quatro, a altura, isto é, a profundidade. O "*quaternarius solidi naturam ostendit*" (mostra a natureza do sólido), ao passo que os três primeiros caracterizam ou produzem a *intelligibilia* incorpórea. O número 4 aparece como pirâmide de três lados. O senário (hexa) mostra que o mandala é constituído de duas tríades, sendo que a superior se completa na quaternidade, no estado da *aequabilitas* e *iustitia*, como diz Filo. Embaixo nuvens escuras, ainda não integradas, ameaçam. Este quadro demonstra o fato frequente de que a personalidade é carente de ampliação, tanto para cima como para baixo.

IMAGENS 26 E 27

680 Estes mandalas são em parte atípicos. Ambos foram feitos pela 680 mesma pessoa, uma mulher ainda jovem. No centro, encontra-se, como no caso anterior, uma figura feminina, igualmente encerrada em uma esfera de vidro ou numa bolha transparente. Parece que um *homunculus* está em vias de surgir. (Compare-se com o *homunculus* na retorta, de *Fausto*, segunda parte.) Em ambos os mandalas, além do número 4 ou 8, há um centro de cinco raios. Existe, portanto, um dilema entre o quatro e o cinco. Cinco é o número do homem natural, na medida em que ele consiste de um tronco e cinco adendos. Por outro lado, o quatro significa uma totalidade *refletida* que descreve o homem ideal ("espiritual") e o formula como uma totalidade em oposição ao pentagonal que descreve o homem corpóreo. É significativo que a suástica simboliza o homem "pensante"[215], ao passo que a estrela de cinco pontas simboliza o homem material

215. Neste caso é preciso levar em conta que a suástica é destrogira ou sinistrogira. A sinistrogira representaria, no Tibete, Bön, a religião da magia negra, em oposição ao budismo.

corpóreo[216]. O dilema de quatro e cinco corresponde ao dilema do homem cultural e natural. Era este o problema da paciente. O quadro 26 aponta para o dilema nos quatro grupos de estrelas: dois deles contêm quatro estrelas e dois, cinco. Na orla mais externa dos dois mandalas é representado "o fogo do desejo". Na imagem 26 a orla externa é constituída por algo que parece um tecido (pegando fogo). Em contraste característico com o mandala "radiante", estes dois (em especial a imagem 27) "ardem". Trata-se do desejo flamejante, comparável à saudade do homúnculo encerrado na retorta, em *Fausto*, Segunda parte, cuja cápsula de vidro se despedaça no trono de Galateia. Trata-se realmente de um desejo erótico, mas ao mesmo tempo de um *amor fati*, que arde a partir do mais íntimo do si-mesmo, que quer dar forma ao destino e assim ajudar o si-mesmo a realizar-se. Tal como o *homunculus* em *Fausto*, a figura encerrada no interior quer "vir a ser".

A própria paciente sentiu o conflito, pois contou-me que 681
não conseguia tranquilizar-se depois de pintar o quadro. Tinha chegado à metade de sua vida, isto é, aos trinta e cinco anos, e estava em dúvida se devia ter mais um filho. Decidiu tê-lo. O destino, porém, não o permitiu, porque o desenvolvimento de sua personalidade tendia para outro fim, isto é, para uma meta não biológica, mas cultural. O conflito resolveu-se nesse sentido.

IMAGEM 28

Trata-se do quadro de um homem de meia-idade. No 682
centro há uma estrela. O céu é azul com nuvens douradas.

---

216. O símbolo da estrela é preferido tanto pela Rússia como pela América. A primeira é vermelha, a outra, branca. Sobre o significado dessas cores cf. *Psicologia e alquimia* [índice, cf. verbete "cores"].

Nos quatro pontos cardeais vemos figuras humanas: em cima, um velho em atitude contemplativa; e embaixo Loki ou Hefesto, com cabelo ruivo chamejante, segurando um templo na mão. À direita e à esquerda há duas figuras femininas, uma escura e outra clara. São indicados desse modo quatro aspectos da personalidade, isto é, quatro figuras arquetípicas que pertencem por assim dizer à periferia do si-mesmo. As duas figuras femininas podem ser logo reconhecidas como os dois aspectos da anima. O velho corresponde ao arquétipo do sentido, ou seja, do espírito, e a figura ctônica escura no plano inferior, ao oposto do sábio, isto é, ao elemento luciferino, mágico (e às vezes destrutivo). Na alquimia trata-se de Hermes Trismegisto *versus* Mercúrio como o *trickster* evasivo[217]. O primeiro círculo que cerca o céu contém estruturas vivas semelhantes a protozoários. As dezesseis esferas de quatro cores no círculo contíguo provêm de um tema originário de olhos e representam, portanto, a consciência observadora e diferenciadora. Assim também os ornamentos que se abrem para dentro do círculo seguinte significam aparentemente receptáculos, cujo conteúdo é despejado em direção ao centro[218]. Os ornamentos no círculo mais externo abrem-se inversamente para fora, a fim de receber algo do exterior. No processo de individuação as projeções originárias refluem para dentro, isto é, são novamente integradas na personalidade. Em contraste com a imagem 25, o "em cima" e o "embaixo", bem como o "masculino" e o "feminino", aqui estão integrados, como no *hermaphroditus* alquímico.

217. [Cf. capítulos 8 e 9 de OC 9/1, bem como *O espírito de Mercúrio.*]

218. Uma ideia semelhante encontra-se na alquimia, isto é, na assim chamada *Ripley-Scrowle* e suas variantes (cf. *Psicologia e alquimia*, p. 524 fig. 257). Nela os deuses planetários misturam suas qualidades ao banho do renascimento.

IMAGEM 29

Aqui o centro também é simbolizado por uma estrela. Essa representação muito frequente corresponde às figuras precedentes nas quais o sol está no centro. O sol também é uma estrela, um germe radioso no oceano do céu. O quadro mostra o aparecimento do si-mesmo como estrela a partir do caos. A estrutura de quatro raios é ressaltada pelas quatro cores. O significativo dessa imagem é que a estrutura do si-mesmo é colocada como uma ordem frente ao caos[219]. O autor é o mesmo do quadro 28 (reprodução em preto e branco). 683

IMAGEM 30

Este mandala de uma paciente mais idosa está novamente cindido em um "em cima" e um "embaixo"; em cima o céu, embaixo o mar, como é indicado pelas linhas ondulantes douradas sobre um fundo azul. Quatro asas circundam o centro para a esquerda, que é apenas marcado por uma cor vermelho-alaranjada. Os opostos também são integrados neste caso e são talvez a causa da rotação do centro. 684

IMAGEM 31

Um mandala atípico baseado no número 2 (díade). Uma lua dourada e outra prateada orlam o mandala em cima e embaixo. O interior é na parte superior um céu azul e na inferior, algo parecido com um muro negro com ameias. Sobre ele, do lado direito e externo, pousa um pavão com a cauda em leque e do lado esquerdo há um ovo, talvez de pavão. Em vista do papel significativo desempenhado 685

---

219. "Sobre a psicologia da meditação oriental" [§ 942].

pelo pavão e seu ovo, tanto na alquimia quanto no gnosticismo, podemos esperar o milagre da *cauda pavonis*, isto é, o aparecimento de "todas as cores", o desdobramento e conscientização do todo, no momento em que tiver ruído o muro divisório e sombrio. (Compare-se com a imagem 32.) A paciente presumia que o ovo poderia romper-se, dele saindo algo de novo, talvez uma serpente. Na alquimia, o pavão é sinônimo da fênix. Uma variante da lenda da Fênix diz que o pássaro Semenda queima-se a si mesmo, um verme se forma de suas cinzas e dele surge de novo o pássaro.

IMAGEM 32

686 Essa imagem é uma reprodução do *Codex Alchemicus Rhenovacensis* da Biblioteca Central de Zurique. O pavão substitui aqui o pássaro Fênix, o renascido das cinzas. Uma representação semelhante pode ser encontrada num manuscrito do Museu Britânico, mas neste o pavão está encerrado num alambique de vidro, no *vas hermeticum*, como o *homunculus*. O pavão é um antigo símbolo do renascimento e da ressurreição, que encontramos com frequência também nos sarcófagos cristãos. No vaso próximo ao do pavão aparecem as cores da *cauda pavonis* como sinal de que o processo de transformação se aproxima da meta. No processo alquímico a *serpens mercurialis*, o dragão será transformado na águia, no pavão, no ganso de Hermes ou na Fênix[220].

IMAGEM 33

687 Essa imagem foi desenhada por um menino de 7 anos cujos pais eram problemáticos. Ele havia feito uma série de desenhos de círculos cercando com eles sua cama. Ele os

220. Cf. depois *Psicologia e alquimia* [§ 334 e 407].

chamava seus "amados" e não dormia sem eles em torno. Isso indica que as imagens "mágicas" tinham para ele ainda o significado originário e funcionavam como círculos encantados protetores.

IMAGEM 34

Uma menina de 11 anos, cujos pais estavam se divorciando, sofreu, por algum tempo, grandes dificuldades e reviravoltas e desenhou muitas imagens que revelam claramente a estrutura do mandala. Aqui também se trata de círculos mágicos cuja função seria a de deter as dificuldades e adversidades do mundo exterior, impedindo-as de penetrar em seu espaço psíquico. Eles representam uma espécie de autoproteção. 688

Talvez de um modo semelhante ao *kilkhor*, a roda do mundo tibetana (fig. 3), encontram-se de ambos os lados dessa imagem algo parecido com chifres que, como sabemos, pertencem ao diabo ou a um de seus símbolos teriomórficos. A ele também pertencem os dois traços oblíquos dos olhos, nariz e boca. Isso significa que atrás deste mandala o diabo está escondido. Quer sejam os "demônios" uma imagem da força mágica escondida e, portanto, eliminada – o que parece ser o propósito do mandala –, quer no caso de tratar-se da roda tibetana do mundo, este último está aprisionado nas garras do demônio da morte. Nessa imagem os demônios apenas espreitam pelas margens. O significado disso só se revelou a mim em um outro caso: uma paciente com dotes artísticos realizou um típico mandala tetrádico, que colou num pedaço de papel grosso. Nas costas do papel fez um círculo cheio de desenhos de perversões sexuais. Este aspecto de sombra do mandala representava as tendências desordenadas e em desagregação, o "caos" que se esconde atrás do si-mesmo e pode manifestar-se de modo perigoso, 689 quando o processo de individuação se detém, ou quando o si-mesmo não se realiza, permanecendo inconsciente. Este aspecto da psicologia foi representado pelos alquimistas através do seu *mercurius duplex*, o qual por um lado é o Hermes mistagogo e psicopompo, e por outro lado o dragão venenoso, o espírito do mal e o *trickster* (trapaceiro).

IMAGEM 35

690 Desenho da mesma menina. Em torno do sol há um círculo com o tema dos olhos e o uróboro. O motivo da polioftalmia ocorre muitas vezes em mandalas individuais. (Cf. por exemplo, o quadro 17 e a figura 5 no capítulo XI deste volume.) No *Maitrâyana-Brâhmana-Upanixade*[221] o ovo (*hiranyagarbha* = germe de ouro) é descrito como se possuísse "milhares de olhos". Os olhos no mandala significam, por um lado, indubitavelmente, a consciência observadora e, por outro, podem ser atribuídos, em texto e imagens, à figura mítica de um *anthropos* do qual procede o ver. Isso me parece indicar o fascínio que, através de um olhar mágico, chama a atenção da consciência (cf. imagens 38 e 39).

IMAGEM 36

691 Representação de uma cidade medieval, com muralhas e fossos de água, ornamentos e igrejas numa disposição de quatro raios. A cidade interna também é cercada de muros e fossos, semelhante à cidade imperial em Pequim. Toda a construção abre-se aqui em direção ao centro, representado por um castelo com teto de ouro. Este é cercado também

221. [*Sacred Books*, XV, VI, 8, p. 311].

por um fosso de água. O chão em torno do castelo é coberto de ladrilhos pretos e brancos. Eles representam os opostos que assim se reúnem. Este mandala foi feito por um homem de idade madura (cf. imagens 28 e 29). Tal imagem não é estranha na simbologia cristã. A Jerusalém celeste do *Apocalipse* de São João é conhecida por todos. No mundo das ideias indianas encontramos a cidade de Brahma no Monte Meru, montanha do mundo. Podemos ler na *Flor de ouro*[222]: "O livro do Castelo amarelo diz: 'No campo de uma polegada quadrada da casa de um pé quadrado podemos ordenar a vida'. A casa de um pé quadrado é a face. Na face o campo da polegada quadrada o que poderia ser senão o coração celeste? No meio da polegada quadrada mora a glória. Na sala púrpura da cidade de jade mora o deus do vazio supremo e da vida". Os taoistas chamam este centro de "terra dos antepassados ou Castelo amarelo".

IMAGEM 37

A imagem é da mesma desenhista das imagens 11 e 692
30. Aqui o lugar do germe é representado como um recém-nascido envolvido numa esfera em rotação. As quatro "asas" têm as quatro cores básicas. A criança corresponde ao *hiranyagarbha* e ao *homunculus* dos alquimistas. O mitologema dessa "criança divina" baseia-se em ideias deste tipo[223].

IMAGEM 38

Mandala em rotação, cuja autora é a mesma paciente 693
das imagens 21 e 23. É notável a estrutura quaternária das

222. Segunda edição, p. 102.

223. Capítulo VI de OC 9/1.

asas de ouro em confronto com a tríade dos cães, correndo em torno do centro. Eles voltam a parte traseira para este, indicando com isso que o centro para eles se encontra no inconsciente. O mandala contém – de modo incomum – um motivo triádico sinistrogiro, enquanto as asas se movem para a direita. Isso não é de modo algum ocasional. Os cães representam a consciência perseguindo o inconsciente mediante o faro e a intuição; as asas mostram o movimento do inconsciente em direção à consciência, de acordo com a situação da paciente naquele tempo. Era como se os cães estivessem fascinados pelo centro que não podiam ver. Eles parecem representar a fascinação da mente consciente. A imagem incorpora a proporção *sesquitertia* (3:4).

IMAGEM 39

694 O mesmo motivo anterior, mas representado por lebres. Trata-se de uma janela gótica na catedral de Paderborn. Não há um centro reconhecível, se bem que a rotação pressupõe sua existência.

IMAGEM 40

695 Quadro de uma paciente mais jovem. Ele representa igualmente a proporção *sesquitertia*, e por isso aquele dilema com o qual começa o *Timeu* de Platão e o qual, como eu já disse, desempenha um papel considerável na alquimia: *o axioma de Maria*. Remeto o leitor a respeito disso à "*Simbologia do espírito*" e especialmente ao meu comentário, quando falo do "Timeu", em *Interpretação psicológica do dogma da Trindade*[224] (cf. também com o texto da imagem 3).

224. [§ 184].

IMAGEM 41

Essa imagem é de uma paciente jovem com predisposição esquizoide. O momento patológico manifesta-se quando as "linhas quebradas" aparentemente cindem o centro. As formas agudas, pontudas dessas linhas quebradas significam impulsos maus, agressivos e destrutivos que poderiam impedir a desejada síntese da personalidade. Parece, porém, que a estrutura regular que cerca o mandala estaria apta a restringir a aparente tendência perigosa para a dissociação interna. Este foi o caso, no decurso do tratamento e no desenvolvimento posterior da paciente. 696

IMAGEM 42

Mandala neuroticamente perturbado. Foi desenhado 697
por uma jovem paciente solteira num período de extrema perturbação: achava-se num dilema entre dois homens. A margem mais externa mostra quatro cores diferentes. O centro é duplicado de um modo estranho; o sol aparece à direita cercado de veias sanguíneas móveis, enquanto ao fundo, num campo escuro, irrompe fogo atrás de uma estrela azul. Essa tem cinco raios e lembra o pentagrama simbolizando o homem: braços, pernas e cabeça com o mesmo valor. A estrela de cinco pontas significa, como já vimos, o homem natural, terreno e inconsciente (cf. imagens 26 e 27). A cor da estrela é azul e, portanto, fria. O sol que irrompe é amarelo e vermelho, portanto cores quentes. O próprio sol (que aqui se assemelha a uma gema de ovo podre) significa em geral consciência ou iluminação e compreensão. A respeito do mandala poderíamos dizer que pouco a pouco uma luz está despontando na paciente; ela estaria despertando de um estado até então inconsciente que correspondia a uma

existência meramente biológica e racional. (O racionalismo não garante de forma alguma uma consciência superior, mas tão só unilateral!) O novo estado se caracteriza pelo vermelho do sentimento e pelo amarelo (ouro) da intuição. Trata-se, por conseguinte, de um deslocamento do centro da personalidade para a região mais quente do coração e do sentimento, e pela inclusão da intuição surge a modo de um pressentimento uma apreensão irracional da totalidade.

IMAGEM 43

698 Este quadro é de uma mulher de meia-idade, a qual, sem ser neurótica, trabalhava no sentido de seu desenvolvimento espiritual, utilizando a "imaginação ativa" para este fim. Dessas tentativas surgiu a representação do nascimento de uma nova visão, ou consciência (olho) das profundezas do inconsciente (mar). O olho tem aqui o significado do si-mesmo.

IMAGEM 44

699 Essa é uma representação que se encontra num mosaico de piso romano, em Mokhnin (Tunísia), onde a fotografei. Trata-se de um expediente apotropaico contra o mau olhado.

IMAGEM 45

700 Mandala dos índios navajos. Eles confeccionam tais mandalas com areia colorida, num trabalho demorado e difícil, para fins curativos. Trata-se de uma parte do ritual do chamado Canto da Montanha (*Mountain Chant*), o qual é entoado para o doente. Em torno do centro estende-se num amplo arco o corpo da deusa do arco-íris. A cabeça

quadrada caracteriza a divindade feminina, e a redonda, a masculina. A disposição dos quatro pares de deuses nos braços da cruz sugere uma suástica dextrogira. A este movimento correspondem também as quatro divindades masculinas que fecham a suástica.

IMAGEM 46

Essa imagem representa outra pintura em areia dos navajos. Ela pertence à cerimônia do *Male Shooting Chant*[225]. Os quatro pontos cardeais são representados por quatro cabeças com chifres, nas quatro cores correspondentes aos pontos cardeais. 701

IMAGEM 47

Ofereço aqui, a título de comparação, uma representação da mãe do céu dos egípcios, que, tal como a deusa do arco-íris, inclina-se sobre a "terra" com o horizonte circular. Por trás do mandala encontra-se (presumivelmente) o deus do ar, parecido com o demônio (imagens 3 e 34). Embaixo, os braços em adoração do *Ka,* com o tema do olho, seguram o mandala que poderia significar a totalidade da "terra"[226]. 702

IMAGEM 48

Essa imagem provém de um manuscrito de Hildegard von Bingen. Representa a terra cercada pelo oceano, pelo 703

---

225. [Canto de caça dos homens]. Agradeço os dois desenhos a Mrs. Margaret Schevill. A imagem 45 é uma variante da pintura em areia publicada em *Psicologia e alquimia* [fig. 110, p. 234].

226. O desenho veio às minhas mãos do British Museum, Londres. O relevo do mesmo parece encontrar-se em Nova York.

reino do ar e pelo céu estrelado. No centro, a esfera terrestre propriamente dita é dividida em quatro partes[227].

704 Jacob Böhme apresentou um mandala em seu livro *Viertzig Fragen von der Seele* (figura 1 no capítulo precedente deste volume). O círculo contém um semicírculo claro e outro escuro que se dão as costas. Representam opostos não unificados. Por este motivo o coração que se encontra entre ambos deve unificá-los. Essa representação é incomum, mas expressa adequadamente o conflito moral insolúvel na visão cristã. "A alma é um olho / no abismo eterno: uma metáfora da eternidade: uma figura perfeita e retrato do primeiro Princípio, e como Deus Pai de acordo com sua pessoa (se assemelha) à eterna Natureza. Sua essência e substância (onde está puro em si mesmo) é em primeiro lugar a roda da natureza – com as quatro primeiras formas". Em outro texto do mesmo tratado, Böhme diz: "A natureza das almas com sua imagem / está na terra / em uma bela flor". Ou: a alma é "um olho de fogo", "que provém do eterno centro da natureza", uma "metáfora do primeiro Princípio". Como olho ela "recebe a luz / do mesmo modo que a Lua a (recebe) do brilho do Sol,... pois a vida da alma origina-se no fogo". Em outra passagem: "A alma assemelha-se a uma esfera de fogo / ou a um olho de fogo"[228].

IMAGENS 49 E 50

705 A imagem 49 é particularmente interessante, na medida em que nela se reconhece com nitidez em que relação se encontra com seu autor. A desenhista (a mesma da imagem

227. Lucca, Biblioteca governativa. Cod. 1942, fol. 37.

228. [(*Das umbgewandte Auge*), O olho voltado para trás, p. 161s.].

42) tem um problema com a sombra. A figura feminina no quadro representa sua sombra, seu lado escuro ctônico. Encontra-se diante de uma roda de quatro raios, formando com ela um mandala de oito raios. De sua cabeça saem quatro serpentes[229], as quais expressam a natureza tetrádica da consciência; fazem-no, porém – concordando com o caráter demoníaco do quadro –, num sentido mau e nefasto, na medida em que representam pensamentos maus e destrutivos. A figura inteira está envolta em chamas, que emitem uma luz ofuscante. Ela é uma espécie de demônio do fogo, *la salamandre*, a ideia medieval de um elfo do fogo. O fogo expressa um intenso processo de transformação. Por isso a matéria-prima a ser transformada na alquimia é representada por uma salamandra no fogo, tal como mostra a imagem 50[230]. A ponta da espada ou da flecha exprime "direção" em sentido figurado. Ela aponta para cima, a partir do meio da cabeça. Tudo o que o fogo consome ascende ao trono dos deuses. O dragão arde no fogo, é volatilizado. Do tormento do fogo gera-se a iluminação. O quadro deixa entrever algo do desenrolar no pano de fundo do processo de transformação. Descreve obviamente um estado de tormento, o qual lembra por um lado a Crucifixão e, por outro, Ixíon preso na roda. Vê-se então com clareza que a individuação, isto é, a realização da totalidade não é nem *summum bonum*, nem *summum desideratum*, mas o processo doloroso da unificação dos opostos. Este é o significado da cruz no círculo. Por este motivo, a cruz tem um efeito apotropaico, pois, quando apresentada ao maléfico, mostra-lhe que já está incluída e por isso perdeu seu efeito destrutivo.

---

229. Cf. as quatro serpentes na metade ctônica (sombria) do mandala no quadro 9 no capítulo anterior.

230. Fig. X extraída das figuras de Lambsprinck de 1677 no *Musaeum hermeticum* [p. 361].

IMAGEM 51

706 A partir de uma problemática semelhante uma paciente de 16 anos fez este quadro: um demônio de fogo subiu através da noite até uma estrela, onde atado a uma situação caótica passou para um estado firme e ordenado. A estrela sugere a totalidade transcendente. O demônio corresponde ao *animus* o qual, como a anima, estabelece uma relação entre o consciente e o inconsciente. A imagem evoca um simbolismo antigo, por exemplo, o de Plutarco[231]: para este a alma está só parcialmente no corpo, por outra parte, paira sobre o humano como uma estrela, que simboliza seu *genius*. Encontramos a mesma concepção entre os alquimistas.

IMAGEM 52

707 Essa imagem é da mesma paciente que fez a imagem 51. Ela representa chamas através das quais uma alma sobe, flutuando. O mesmo motivo – e com o mesmo significado – se encontra no *Codex Alchemicus Rhenovacensis* (século XV) na Biblioteca Central de Zurique (imagem 54). As almas da matéria-prima calcinada no fogo escapam (como vapores) sob a forma de crianças (*homunculi*). No fogo encontra-se o dragão ao transformar-se, sob a forma ctônica da anima *mundi*.

IMAGENS 53 E 54

708 Devo observar neste ponto que nem a paciente tinha qualquer conhecimento da alquimia, e nem eu mesmo conhecia nessa época o material imagístico alquímico. A semelhança entre essas duas imagens, por notáveis que

231. *De genio Socratis*, cap. XXII [*Über den Dämon des Sokrates*, p. 195].

sejam, nada tem de extraordinário, uma vez que o grande problema no que concerne à alquimia filosófica é o mesmo que subjaz à psicologia do inconsciente, isto é, o da individuação, a integração do si-mesmo. Causas semelhantes têm efeitos semelhantes, e as situações psicológicas semelhantes servem-se do mesmo simbolismo, o qual por sua vez está a seu lado nos fundamentos arquetípicos, como já indiquei no caso da alquimia.

CONCLUSÃO

Espero ter conseguido dar ao leitor alguma ideia do sim- 709
bolismo do mandala, através dessas imagens. Naturalmente não pretendia dar com essas explicações mais do que uma orientação acerca do material empírico, que está à base dessas investigações. Apresentei alguns paralelos que podem indicar o caminho para outras comparações histórico-étnicas, mas renunciei a uma exposição mais completa e pormenorizada neste contexto porque isso me levaria longe demais.

O significado funcional dos mandalas dispensa mui- 710
tas palavras. Já tratei várias vezes desse tema. Além disso é possível intuir com um pouco de sensibilidade o sentido mais profundo que o autor tenta expressar através dessas imagens, muitas vezes pintadas com o maior amor, embora com mãos desajeitadas. Trata-se de *yantras* no sentido indiano, isto é, de instrumentos de meditação para mergulhar em si mesmo, de concentração e realização da experiência interior, tal como expus no Comentário à *Flor de ouro*. Ao mesmo tempo, as *yantras* servem ao estabelecimento da ordem interior, encontrando-se por isso frequentemente em séries de imagens; aparecem logo depois de estados caóticos, desordenados, conflitivos ligados ao medo. Expressam, por conseguinte, a ideia do refúgio seguro, da reconciliação interior e da totalidade.

711 Poderia mostrar um número muito maior de imagens, das mais diversas regiões do mundo, e o que surpreenderia seria ver como esses símbolos partem do mesmo fundamento básico já observado nos mandalas individuais. Em vista do fato de que em todos os casos aqui demonstrados há novos fenômenos independentes de qualquer influência, somos obrigados a constatar que, além da consciência, deve existir uma disposição inconsciente universalmente disseminada, uma disposição capaz de produzir em todos os tempos e lugares os mesmos símbolos, ou, pelo menos, muito semelhantes entre si. Uma vez que essa disposição é em geral inconsciente para o indivíduo, eu a designei *inconsciente coletivo*, postulando como o fundamento dos produtos simbólicos do mesmo a existência de imagens originárias: os *arquétipos*. Não é necessário acrescentar que a identidade dos conteúdos inconscientes individuais se expressa através dos conteúdos dos paralelos étnicos, não só na configuração imagística, como também no sentido.

712 O conhecimento da origem comum do simbolismo inconscientemente pré-formado se havia perdido por completo para nós. Para trazê-lo de volta à luz do dia devemos ler antigos textos e investigar culturas arcaicas, a fim de poder compreender aquilo que os nossos pacientes nos trazem hoje para o esclarecimento de sua evolução psíquica. Penetrando mais profundamente nas camadas interiores da alma, deparamos com estratos históricos que não constituem letra morta, mas continuam vivos e atuantes em todo ser humano; ultrapassam nossa possibilidade de apreensão, no estado atual de nossos conhecimentos.

Mandalas*

A palavra sânscrita "mandala" significa "círculo" no sentido habitual da palavra. No âmbito dos costumes religiosos e na psicologia, designa imagens circulares que são desenhadas, pintadas, configuradas plasticamente ou dançadas. Configurações plásticas deste tipo são encontradas, por exemplo, no budismo tibetano e, enquanto figuras circulares de dança, ocorrem nos mosteiros dos derviches. Como fenômeno psicológico aparecem espontaneamente em sonhos, em certos estados conflitivos e na esquizofrenia. Frequentemente contêm uma quaternidade ou múltiplo de quatro, sob a forma de cruz ou estrela, ou ainda de um quadrado, octógono etc. Na alquimia este motivo se encontra sob a forma da *quadratura circuli*. 713

No budismo tibetano o significado de um instrumento de culto (*yantra*) é atribuído à figura, devendo ela favorecer a meditação e a concentração. Algo semelhante aparece na alquimia, onde representa a síntese dos quatro elementos, cuja tendência é afastar-se uns dos outros. Sua ocorrência espontânea em indivíduos de hoje permite à investigação psicológica um estudo mais aprofundado de seu sentido funcional. Em geral, o mandala aparece em estados de 714

* Escrito para *Du. Schweizerische Monatsschrift*, XV/4 (Zurique, abril 1955) p. 16 e 21, datada de "janeiro de 1955". Este número da revista foi dedicado às Eranos-Tagungen, em Ascona, e à obra de C.G. Jung. O artigo era ilustrado com reproduções de mandalas.

dissociação psíquica ou de desorientação. Assim, por exemplo, em crianças entre oito e onze anos, cujos pais estão em vias de separação, ou em adultos que, confrontados com a problemática dos opostos da natureza humana, se desorientam e se submetem ao tratamento de sua neurose; podem aparecer também em esquizofrênicos, cuja visão de mundo se tornou caótica devido à irrupção de conteúdos incompreensíveis do inconsciente. Em tais casos vemos nitidamente como a ordem rigorosa de tal imagem circular compensa a desordem e perturbação do estado psíquico, e isso através de um ponto central em relação ao qual tudo é ordenado; ou então é construída uma ordenação concêntrica da multiplicidade desordenada dos elementos contraditórios e irreconciliáveis. Trata-se evidentemente de uma *tentativa de autocura da natureza*, que não surge de uma reflexão consciente, mas de um impulso instintivo. Para tanto é utilizado, conforme mostra o estudo comparativo, um esquema fundamental, um arquétipo, que por assim dizer ocorre em toda parte e não deve sua existência só à tradição, da mesma forma que os instintos não dependem de uma transmissão deste tipo. Eles já são dados a cada indivíduo recém-nascido e pertencem ao acervo inalienável das qualidades que caracterizam uma espécie. O que a psicologia designa por arquétipo é um certo aspecto formal frequente do instinto e, como este, dado *a priori*. Consequentemente encontramos nos mandalas uma conformidade fundamental, apesar de todas as diferenças externas, independentemente de sua origem temporal e espacial.

715 A "quadratura do círculo" é um dos numerosos temas arquetípicos que estão à base da configuração de nossos sonhos e fantasias. Distingue-se, porém, de todos os outros pelo fato de ser um dos mais importantes, do ponto de

vista funcional. Podemos designá-lo como o *arquétipo da totalidade*. Devido a esse significado "a quaternidade é uma unidade", o esquema das imagens divinas, como mostram as visões de *Ezequiel*, *Daniel* e *Enoch*[232], e também a ideia de Hórus com seus quatro filhos. Estes últimos sugerem uma diferenciação interessante, na medida em que existem representações que mostram três filhos com cabeças teriomórficas e só um com cabeça humana; a isso correspondem as visões do Antigo Testamento, bem como os emblemas dos serafins, transferidos aos evangelistas e – *last not least* – a própria natureza dos evangelhos: três sinóticos e um gnóstico. Finalizando, observo que desde a pergunta do *Timeu* de Platão ("Um, dois, três; mas onde está o quarto... meu querido Timeu?")[233] o motivo dos quatro como três e um até os cabiros do *Fausto*, Segunda parte, sempre constituiu a preocupação reiterada da alquimia.

O significado profundo da quaternidade, com seu 716
processo de diferenciação característico através dos séculos, o qual se revela também no simbolismo cristão mais recente[234], pode explicar por que o "*Tu*" elegeu justamente o arquétipo da totalidade como exemplo da formação do símbolo. Do mesmo modo que este símbolo reclama um lugar central nos documentos históricos, tem também um significado transcendente em nível individual. Mandalas individuais são, como é de se esperar, de uma grande multiplicidade. Em sua grande maioria, são caracterizados pelo círculo e pela quaternidade. Há, porém, ocasionalmente,

232. [Ez 1,5s.; Dn 7,1s.; *Livro de Enoc* 22,2s. (KAUTZSCH. *Apokryphen und Pseudoepigraphen des Alten Testaments*, p. 251s.), 87,2s. (p. 290)].

233. [*Timeu*, p. 2].

234. [Proclamação do dogma da Assunção corporal de Maria ao céu, em novembro de 1950. Cf. *Psicologia e religião*, § 119s.; *Interpretação psicológica do Dogma da Trindade*, § 251s.; *Resposta a Jó*, § 248s.].

mandalas baseados no três e no cinco, para o que sempre há razões especiais.

717 Enquanto os mandalas cultuais sempre apresentam um estilo especial e um número reduzido de temas típicos quanto ao conteúdo, os mandalas individuais utilizam uma quantidade ilimitada de temas e de alusões simbólicas, que denotam facilmente serem uma tentativa de expressar, quer a totalidade do indivíduo em sua mundividência interior ou exterior, quer o seu ponto de referência essencial interno. Seu objeto é o *si-mesmo* em oposição ao *Eu*, que é apenas o ponto de referência da consciência, enquanto o si-mesmo inclui a totalidade da psique de um modo geral, ou seja, o consciente *e* o inconsciente. Não raro, o mandala individual mostra uma certa divisão numa metade clara e outra escura, com seus símbolos típicos. Um evento histórico deste tipo é o mandala de Jacob Böhme, o qual se encontra em seu tratado *Viertzig Fragen von der Seele*. Ao mesmo tempo, é uma imagem de Deus e como tal é designada. Isso não é casual, na medida em que a filosofia indiana, a qual desenvolveu sobremaneira a ideia do si-mesmo, do atmã, ou purusha, não diferencia em princípio a essência humana da divina. De modo correspondente, a *scintilla*, a centelha da alma, a mais íntima essência divina do ser humano também é caracterizada por símbolos no mandala ocidental, símbolos que podem também designar uma imagem de Deus, isto é, a imagem da divindade que se desdobra no mundo, na natureza e no ser humano.

718 Que tais imagens, em certas circunstâncias, têm um efeito terapêutico considerável sobre seus autores é empiricamente comprovado além de ser compreensível, posto que

representam, não raro, tentativas muito ousadas de ver e reunir opostos aparentemente irreconciliáveis e de vencer divisões que pareciam intransponíveis. A simples tentativa nessa direção costuma ter efeito curativo, no entanto só quando ocorre espontaneamente. Nada se deve esperar de uma repetição artificial ou de uma imitação proposital de tais imagens. (Uma série de mandalas individuais encontra-se em meu volume *Gestaltungen des Unbewusste*[235].)

235. [Capítulos XI e XII de OC 9/1.]

Referências

Adumbratio Kabbalae Christianae, id est, Syncatabasis Hebraizans, sive brevis applicatio doctrinae Hebraeorum cabbalisticae ad dogmata novi Foederis etc. Frankfurt no Meno, 1634.

Amitayur-dhyana-Sutra *in*: Buddhist Mahayana-Sutras, parte II. Oxford, 1894 [Traduzido por Max Müller e Jungjiro Takakusu (Sacred Books of the East 49)].

APTOWITZER, Victor. Arabisch-jüdische Schöpfungstheorien. In: *Hebrew Union College Anual* VI (Cincinnati, 1929), p. 205-246.

(APULEIO:) Lucii Apulei Madaurensis Platonici philosophi opera. Vol. I: *Metamorphoseos sive De asino aureo*. Altenburg, 1778 [Edição alemã: *Die Metamorphosen oder Der goldene Esel*. Tradução de August Rode e Hanns Floerke. Munique/Leipzig, 1909].

BAUMGARTNER, Matthias. *Die Philosophie des Alanus de Insulis*. Im Zusammenhange mit den Aschauungen des 12. Jahrhunderts dargestellt (Beiträge zur Philosophie des Mittelalters. Texte und Untersuchungen, II/4). Münster, 1896.

BERTHELOT, Marcellin. *La Chimie au moyen âge*. 3 vols. (Histoire des Sciences). Paris, 1893.

BÖHME, Jacob. *De signatura rerum*. Das ist: Von der Geburt und Bezeichnung aller Wesen.

BÖHME, Jacob (Quaestiones theosophicae). *Theosophische Fragen in Betrachtung göttlicher Offenbarung*.

BÖHME, Jacob. *Viertzig Fragen von der Seelen Verstand, Essentz, Wesen, Natur und Eigenschafft, was sie von Ewigkeit in Ewigkeit sey*. Verfasset von Dr. Balthasar Walter, Liebhaber der grossen Geheimnüssen, und beantwortet durch J' B'.

BÖHME, Jacob. *Das umbgewandte Auge* (Apêndice vol. II).

BÖHME, Jacob. *Aurora, oder Morgenröthe im Aufgang*. Sämtliche Werke Neuauflage Stuttgart, 1835, vol. I.

BOUCHÉ-LECLERCQ, Auguste. *L'Astrologie grecque*. Paris, 1899.

BOZZANO, Ernesto. *Populi primitivi e manifestazioni supernornali*. Verona, 1941.

CAUSSINUS, Nicolaus. *De symbolica Aegyptiorum sapientia*. Colônia, 1623. Vinculado a: CAUSSINUS, Nicolaus. *Polyhistor symbolicus*. Colônia, 1623.

CÍCERO (Marcus Tullius). *De natura deorum*: Academica. With an English text by H. Rackham (Loeb Classical Library). Londres/Nova York, 1933.

(CLEMENTE DE ALEXANDRIA). *Des C' von Alexandreia Teppiche wissenschaftlicher Darlegungen entsprechend der wahren Philosophie* (Stromateis), Livro V (Obras IV). Traduzido do grego por Otto Stählin (Biblioteca dos Padres da Igreja, segunda série, XIX). Munique, 1937.

Codex Alchemicus Rhenovacensis (século XV). Biblioteca Central de Zurique.

CUMONT, Franz. *Textes et monuments figurés relatifs aux mystères de Mithra*. 2 vols. Bruxelas, 1896/1869.

DEE, John. Cf. (A) *Theatrum Chemicum*, IV.

DE GUBERNATIS, Angelo. Cf. GUBERNATIS

DELATTE, Louis. *Textes latins et vieux français relatifs aux Cyranides* (Biblioteca da Faculdade de Filosofia e Letras da Universidade de Liège CXIII). Lion, 1942.

DEUSSEN, Paul. Cf. *Geheimlehre, Die, des Veda.*

DIELS, Hermann. *Die Fragmente der Vorsokratiker griechisch und deutsch*. 2 vols. 3. ed. Berlim, 1912.

DIONÍSIO AREOPAGITA. De coelesti hierarchia. In: *Migne*, Patrologia Greco-Latina III, col. 119-320.

EISLER, Robert. *Weltenmantel und Himmelszelt.* Religionsgeschichtliche Untersuchungen zur Urgeschichte des antiken Weltbildes. 2 vols. Munique, 1910.

ELEAZAR, Abraham. Cf. ABRAHAM ELEAZAR

ERMAN, Adolf. *A Handbook of Egyptian Religion*. Londres, 1907.

ERMAN, Adolf. *Die Religion der Ägypter*. Ihr Werden und Vergehen in vier Jahrtausenden. Berlim/Leipzig, 1934.

FICINO, Marsílio. *Auctores Platonici*. Veneza, 1497.

(FILO JUDEU*). Philonis Iudaei, summi philosophi… opera*. 2 vols. Lião 1561 (*De mundi opificio*: vol. I, p. 1-35).

FROBENIUS, Leo. *Schiksalskunde* (Schriften zur Schicksalskunde V). Weimar, 1938.

GESSMANN, Gustav Wilhelm. *Die Geheimsymbole der Alchymie, Arzneikunge und Astrologie des Mittelalters.* Eine Susammenstellung der von den Mystikern und Alchemisten gebrauchten geheimen Zeichenschrift, nebst einem kurzgefassten geheimwissenschaftlichen Lexikon. 2. ed. Berlim, 1922.

GOETHE, Johann Wolfgang von. Werke. *Faust.* Gesamtausgabe Insel, Leipzig 1942.

GUBERNATIS, Angelo de. *Die Thiere in der indogermanischen Mythologie* [Tradução – Duas partes. Leipzig, 1874].

HARDING, Esther. *Das Geheimnis der Seele*. Ursprung und Ziel der psychischen Energie. Zurique: Rhein-Verlag, 1948 [Tradução. Prefácio de C.G. Jung].

HILDEGARD VON BINGEN. *Liber divinorum operum*. Codex 1942, Biblioteca governativa, Lucca.

HIPÓLITO. *Elenchos* (= Refutatio omnium haeresium). Org. por Paul Wendland (Die griechischen christlichen Schriftsteller der ersten drei Jahrhunderte). Leipzig, 1906.

HÖLDERLIN, Friedrich. *Samtliche Werke*. Leipzig: Insel (s.d.).

HORUS APOLLO. *Selecta hieroglyphica, sive sacrae notae Aegyptiorum, et insculptae imagines*. Roma, 1597.

I Ching. Das Buch der Wandlungen [ed. Von Richard Wilhelm]. Jena,1924.

JERÔNIMO (Santo). *Epistola II ad Theodosium et caeteros anachoretas*. In: Opera I/1, Epistolarum pars I. Org. por Isidor Hilberg (Corpus Scriptorum Ecclesiasticorum Latinorum LIV). Viena/Leipzig, 1910.

JUNG, Carl Gustav. *Aion*. Untersuchungen zur Symbolgeschichte (Psychologische Abhandlungen VIII). Zurique: Rascher, 1951 (Em port., Ed. Vozes: *Aion* – Estudos sobre o simbolismo do si-mesmo, vol. 9/2).

JUNG, Carl Gustav. Der Geist der Psychologie. In: *Eranos-Jahrbuch*, 1942. Zurique: Rhein-Verlag, 1943. Reedição ampliada em *Symbolik des Geistes*. Cf. lá.

JUNG, Carl Gustav. *Gestaltungen des Unbewussten* (Psychologische Abhandlungen VII). Zurique: Rascher, 1950 (Contribuições de Jung neste volume, bem como em OC 15, 1971).

JUNG, Carl Gustav. *Paracelsica*. Zwei Vorlesungen über den Arzt und Philosophen Teophrastus. Zurique: Rascher, 1942

("Paracelsus als geistige Erscheinung", OC, 13, "Paracelsus als Arzt", OC, 15, 1971).

JUNG, Carl Gustav. Wotan. In: *Aufsätze zur Zeitgeschichte*. Cf. lá.

JUNG, Carl Gustav. Cf. *Tibetanische Totenbuch, Das*.

Kabbala denudata. Cf. KNORR VON ROSENROTH.

KERÉNYI, Karl. Hermes der Seelenführer. Das Mythologem vom männlichen Lebensursprung. In: *Eranos-Jahrbuch*, 1942. Zurique, 1943. Depois: Albae Vigiliae, Neue Folge, Heft 1. Zurique: Rhein-Verlag, 1944.

KHUNRATH, Henrique. *Von hylealischen, das ist, pri-materialischen catholischen oder algemeinem natürlichen Chaos*. Magdeburgo, 1597.

LACTÂNCIO FIRMIANO. *Opera onmia* . 3 vols. Viena, 1890-1897 [Org. por Samuel Brandt e Georg Laubmann (Corpus scriptorum ecclesiasticorum latinorum)].

LEÃO HEBREU (Leo Hebraeus ou Jehuda Abravanel). *Dialoghi di Amare*. Veneza, 1552. Cf. tb. *Philosophy, The*.

LU-CH'IANG-WU & DAVIS, Tenney L. An ancient Chinese treatise on alchemy entitled Ts'an T'ung Ch'i. In: *Isis*. Cf. lá.

LÜDY, F. *Alchemistische und chemische Zeichen*. Stuttgart, 1928.

MAIER, Michael(is). *De circulo physico, quadrato, hoc est auro etc*. Oppenheim, 1616.

MAIER, Michael(is). *Symbola aureae mensae duodecim nationum*. Frankfurt no Meno, 1617.

MASENIUS, Jacobus. *Speculum imaginum veritatis occultae etc*. Editio tertia. Colônia, 1681.

MEIER, C.A. *Antike inkubation und moderne Psychotherapie* (Studien aus dem C.G. Jung-Institut I). Zurique, 1949.

MEIER, C.A. Spontanmanifestationen des kollektiven Unbewussten. In: *Zentralblatt für Psychotherapie und ihre Grenzgebiete* XI/5 (Leipzig, 1939), p. 284-303.

MENNENS, Gulielmus. Cf. (A) *Theatrum Chemicum*, VII.

MYLIUS, Johann Daniel. *Phisolophia reformata continens libros binos*. Frankfurt, 1622.

Mythographus Vaticanus III. In: *Classicorum auctarum e Vaticanis codicibus editorum VI*. Roma, 1831 [Org. por Angelo Mai].

NEUMANN, Erich. *Tiefenpsychologie und neue Ethik*. Rascher: Zurique, 1949.

NEUMANN, Karl Eugen. Cf. *Die Reden Gotamo Buddho's*.

NEWCOMB, Frank Johnson & REICHARD, Gladys A. *Sandpaintings of the Navajo Shooting Chant*. Nova York, 1938.

NIETZSCHE, Friedrich. *Werke*, 16 vols. Leipzig, 1899-1911.

ORÍGENES. In Jeremiam homiliae. In: *Migne, Patrologia Greco-Latina* XIII, col. 255-544.

ORÍGENES. In Leviticum homiliae. In: *Migne, Patrologia Greco-Latina* XII, col. 405-574.

ORÍGENES. In libros Regnorum homiliae. In: *Migne, Patrologia Greco-Latina.*

Pancatantram, Das (Textus ornatior). Eine altindische Märchensammlung. Zum ersten Male übersetzt von Richard Schmidt. Leipzig, s.d.

Pandora, das ist die edelst Gab Gottes usw. Basileia, 1588 [Org. por H. Reusner].

Papyri Graecae magicae. Die griechischen Zauberpapyri. 2 vols. Berlim, 1928/1931 [Org. e traduzido por Karl Preisendanz, entre outros].

PARACELSO (Theophrastus Bombastus von Hohenheim). *Sämtliche Werke*. 15 vols. Munique/Berlim, 1922-1935 [Org. por Karl Sudhoff e Wilhelm Matthiesen].

PICINELLUS (Picinello), Philipus. *Mundus symbolicus*. Colônia, 1683.

PLÍNIO, Segundo C. *Naturalis historiae libri XXXVII*. Rec. Car. Mayhoff. 6 vols. Leipzig, 1775-1906. Em alemão: *Die Naturgeschichte des P'S'C'*. Ed. por G.C. Wittstein. 6 vols. Leipzig, 1881-1882.

PLUTARCO. De geni Socratis. Em alemão: Über den Dämondes Sokrates. In: *Vermischte Schriften*. Mit Anmerkungennachder Übersetzung von Kaltwasser vollständig hg. (Klassiker des Altertums, primeira série/II), Munique/Leipzig, 1911.

PREISENDANZ, Karl. Cf. *Papyri graecae magicae*.

RAHNER, Hugo. Die seelenheilende Blume. Moly und Mandragore in antiker und christlicher Symbolik. In: *Eranos-Jahrbuch* 1944. Zurique: Rhein-Verlag, 1945. Festgabe pelo septuagésimo aniversário de C.G. Jung.

RAHNER, Hugo. Antena Crucis, II: Das Meer der Welt. In: *Zeitschrift für katholische Theologie LXVI*. Würzburg, 1942, p. 89-118.

Realencyklopädie für protestantische Theologie und Kirche. 3. ed. 24 vols. Leipzig 1896-1913 [Org. por Albert Hauck].

Reden, Die Gotamo Buddho's aus der Sammlung der Bruchstücke Suttanipato des Pali-Kanons. Leipzig, 1905 [Traduzido por Karl Neumann].

RIESSLER, Paul (org.). *Jüdisches Schrifttum ausserhalb der Bibel*. Augsburgo, 1928 [Traduzido e explicado por P'R'].

Rigveda, cf. DEUSSEN. Geheimlehre, Die.

ROSCHER, Wilhelm Heinrich. Cf. *Lexicon*, Ausführliches.

ROSENCREUTZ, Christian. *Chymische Hochzeit*. Estrasburgo, 1616.

RULAND(US), Martin(us). *Lexicon alchemiae sive dictionarium alchemisticum*. Frankfurt, 1612.

Samyutta-Nikaya. Die in Gruppen geordnete Sammlung aus dem Pali-Kanon der Buddhisten, zum ersten Mal ins Deutsche übertragen von Wilhelm Geiger. Vol. I. Munique: Neubiberg, 1930.

Sanatsugâtîya. In: *The Bhagavadgîtâ, with the Sanatsugâtîya and the Anugûtâ*. 2. ed. Oxford, 1908. [Traduzido por Kâshinâth Trimbak Telang (Sacred Books of the East VIII)].

SCHMIDT, Richard. Cf. *Pancatantram*.

SENDIVOGIUS, Michael. *Epistola XIII*. Cf. (A) *Bibliotheca Chemica Curiosa*, III.

STADE, Bernard. *Biblische Theologie des Alten Testaments*. Vol. I (não foram publicados outros). Tübingen, 1905.

SUZUKI, Daiselz Teitaro. *Die grosse Befreiung. Einführung in den Zen-Buddhismus*. Mit einem Geleitwort von C.G. JUNG. Leipzig, 1939.

Textes latins et vieux français relatifs aux Cyranides. Cf. DELATTE. Thomas Akten: cf. Apokryphen, Neutestamentliche.

Tibetanische Totenbuch, Das. Aus der englischen Fassung des Lama Kazi Dawa Samdup. Zurique/Leipzig, 1936 [Org. por W.Y. Evans-Wentz, übersetzt und eingeleitet von Louise Göpfert-March. Mit einem psychologischen Kommentar von C.G. Jung].

Tractatus aureus. Cf. (A) ARTIS AURIFERAE, VIII; *Bibliotheca Chemica Curiosa, I, E Ars Chemica, I.*

Biografia

C.G. Jung nasceu em Kesswil, Suíça, em 1875. Formou-se em Medicina em 1900, na Universidade da Basileia. Foi assistente e depois colaborador de Eugen Bleuler na Clínica Psiquiátrica de Zurique. Foi colaborador próximo de Sigmund Freud, de quem se afastou anos mais tarde. Teve uma brilhante carreira intelectual em cujos escritos se revela a grandeza de um dos mais influentes pensadores do século XX. Jung morreu em 1961, na cidade de Küsnacht, aos 85 anos.

EDITORA VOZES LTDA.
Rua Frei Luís, 100 – Centro – Cep 25689-900 – Petrópolis, RJ
Tel.: (24) 2233-9000 – E-mail: vendas@vozes.com.br